한 국 어 1

한국어

1

연세대학교 한국어학당 편

연세대학교 출판부

Preface

In this age of rapid information exchange, language itself is an indispensable "Communication tool"; living in a modern international society requires learning a foreign language. If one intends to learn another language, regardless of what language it is, the first questions one faces may be, "with what shall I learn?" and "how shall I learn it?".

This book is designed to provide linguistic aid for those who wish to learn Korean language and understand the Korean people and culture. This book will answer the above questions easily and helpfully, for students from beginning to advanced levels.

Efforts to write this book began in 1987. Language is like a flowing water; it does not stand still and is ever-changing. Therefore, we believe language instruction should also adjust to the stream of time and changes, while newly developing theory and methodology of language instruction should be applied accordingly. A textbook should be a vessel of such changes and this book hopes to reflect those aspects as best as possible.

In order to write this book, the authors administered sample tests, listened to students to determine their needs, and continuously revised instruction material taught in classrooms.

Through many years of revising and improving, the authors are now able to publish their results in this six-volume textbook series. The objective of 'Korean 1' is to enable students to understand and speak in daily conversation. It is composed of 10 units, each containing four conversational sections and one writing section with translations and grammatical explanations. Also included are pattern drills. All conversations consist of everyday situations, and students will be able to apply the dialogues in daily living while learning about Korean culture and values.

As the role of Korea increases internationally, the importance of Korean language grows also.

I believe that the publication of a new Korean language textbook is significant at this time. I would like to acknowledge the efforts of all members of KLI's textbook compilation committee. They have had a great sense of mission and responsibility and have spared nothing in publishing this book.

I believe that this textbook could not have materialized without their vast knowledge and experience.

Tae-Sung Kim, Ph.D.
Director of the Yonsei Language Center
Yonsei University
September, 1992

일 러 두 기

　한국어1은 한국어를 배우고자 하는 외국인과 교포 성인을 위한 기초 단계의 책으로서, 생활 필수 회화를 내용으로 하고 있다. 한국에서 생활하는 데 꼭 알아야 할 주제를 중심으로 하여 썼으며, 한국의 문화와 사고 방식을 소개함으로써 한국학을 전공하려는 사람들에게 많은 도움을 주려고 하였다.

　구성은 한글, 대화, 새 단어, 문법, 문형 연습, 색인으로 되어 있다.

　대화는 10과로 되어 있고, 각 과는 다섯 항으로, 각 항은 6개의 문장, 3개의 대화로 구성되어 있으며 마지막 항은 복습용 산문이다.

　어휘는 빈도수에 따라 단계적으로 제시되어 있으며, 그 주제에서 꼭 알아야 할 어휘를 선정하여 썼다.

　새 어휘는 대화 아래 보임으로써 쉽게 알아 보도록 하였으며, 한 단위에 71개, 총713개의 단어를 다루었다.

　앞에서 다룬 어휘를 뒤에서 반복함으로써 습득을 용이하게 하였다

　문법은 외국인이 쉽게 습득할 수 있는 체계에 의하여 집필하였고, 난이도를 고려하여 기본적인 것에서부터 단계적으로 다루었다.

　각 항에서는, 본문에 나온 문법 요소를 개별적으로 설명하였고, 이를 종합하여 체계를 보였다.

　문법의 설명은 외국 학생의 이해를 돕기 위해서 사용법상의 문제, 학생 모국어와의 관계를 고려하였고, 어떤 상황에서 그것이 쓰이는가를 알도록 하였다.

문형 연습은 학습자가 언어를 자유롭게 쓸 수 있게 하고, 외부 자극에 의하여 언어 반응이 자동적이고 습관적으로 나타나게 하기 위하여, 문형 연습항을 따로 두었다.

문법상의 특성을 구문 구조 안에서 익힘으로써 문법 지식이 실제로 언어 수행으로 나타날 수 있게 할 뿐만 아니라, 음운 규칙을 알고 어휘의 습득을 돕고자 하였다.

문형에 적합하고 꼭 필요한 어휘는 새 단어로 주었으며, 이것은 색인에 넣었다.

Introduction

한국어1 is a basic level textbook for foreigners and adult overseas Koreans who wish to learn Korean. As such, its contents are designed to exemplify essential everyday conversation. We have written it bearing in mind those topics and situations, a knowledge of which is essential for living in Korea. By introducing Korean culture and the Korean way of thinking, we have also attempted to aid those who intend to major in Korean Studies.

The 구성 or STRUCTURE section is composed of Conversations, New Vocabulary, Grammar, Pattern Exercises, and an Index.

The 대화 or CONVERSATION section is made up of 10 lessons, where each lesson has five sub-divisions, each sub-division has 6 lines (3 conversational exchanges), and the last sub-division is a prose text for review purposes.

The 어휘 or VOCABULARYS are introduced in steps according to their frequency, and for each topic we have selected those words most essential to conversation on the topic. New words are listed below each new conversation in order to facilitate recognition, and each unit has 71 words for a total of 713 words.

The 문법 or GRAMMAR section has been edited according to a system readily learnable by foreigners, and grammar has been graded according to the level of difficulty: grammar is introduced in steps from the easier and more basic to the more advanced and difficult. Each sub-division introduces and explains the new grammatical elements which appear in the conversations, the aggregate of these explanations making up a systematic whole.

The grammatical explanations 1) are designed to help the foreign student with problems of usage, 2) take into account the student's mother tongue, and 3) strive to show how the patterns are used and under what circumstances. In order to aid the foreign student's understanding of the grammatical explanations, each is furnished with additional illustrative examples. New vocabularys appearing in the example sentences are not treated as NEW VOCABULARY, and are not listed in the INDEX.

The 문형연습 or PATTERN EXERCISES are designed to allow the learned to use the language freely. We have included a separate PATTERN EXERCISE section in order to bring the learner to the point where external stimuli evoke proper linguistic responses automatically and freely. By practicing grammatical peculiarities within sentence structures, we have strived not only to convert the student's knowledge of grammar to actual linguistic practice, but to help the student to acquire new vocabulary and master the phonological rules of the language. Words deemed necessary for the illustrated patterns are given as NEW VOCABULARY, and are listed in the INDEX.

차 례

Contents

한국어 1

한 글

0. 1

0. 11 한국어의 자모는 한글이라고 불리며, 15세기에 세종대왕과 여러 학자들이 창제한 것이다. 세종대왕은 그 당시 글을 모르고 지내는 백성들을 불쌍하게 생각하여, 모든 백성이 쉽게 배우고 사용하기 편하게 글을 만들었다. 한글은 창제 당시에는 자음 17자, 모음 11자였는데, 현재 사용하는 글자는 자음 14자, 모음 10자로 모두 24자이다. 한글의 모양은, 자음은 소리내는 입의 구조를 본떠서 만들었고, 모음은 음양설에 따라 천지인을 기초로 하여 만들었다. 한글은 소리글자로서, 사람이 낼 수 있는 모든 소리를 다 적을 수 있을 뿐 아니라, 자연의 소리까지도 적을 수 있다. 한글은 세계의 글 중에서 가장 과학적이고 체계적인 글로 그 우수성을 인정받고 있다.

0. 12 한글은 자음과 모음이 어울려야 소리가 나는데, 그 구성 방법은 다음과 같다.

V			아
CV	ㅂ + ㅣ	→	비
CVC	ㅁ + ㅏ + ㄹ	→	말

0. 13 음운상으로 볼 때, 한국어의 모음은 단모음과 이중모음으로 되어 있다. 단모음은 소리를 아무리 길게 내더라도, 발음하는 도중에 입술이나 혀가 고정되어 소리가 변하지 않는 것인데 이것은 혀의 앞뒤 위치, 높낮

이, 입을 벌리는 정도, 입술을 오무리는가 않는가에 따라 구별한다. 여기에 속하는 모음은 ㅏ, ㅐ, ㅓ, ㅔ, ㅗ, ㅚ, ㅜ, ㅟ, ㅡ, ㅣ 10개이다. 이중모음은 발음하는 동안 소리가 변하여 처음 소리와 끝 소리가 다르게 나는 것을 말하는데, 여기에 속하는 모음은 ㅑ, ㅒ, ㅕ, ㅖ, ㅘ, ㅙ, ㅛ, ㅝ, ㅞ, ㅠ, ㅢ 11개이다.

혀 위치	전 설		중 설		후 설	
입술 모양 혀 높이	평 순	원 순	평 순	원 순	평 순	원 순
고	ㅣ	(ㅟ)	ㅡ			ㅜ
중	ㅔ	(ㅚ)	ㅓ			ㅗ
저	ㅐ		ㅏ			

0. 14 자음은 소리내는 자리와 소리내는 방법에 따라서 다음과 같이 분류한다.

소리를 내는 자리 소리를 내는 방법			두 입술	윗잇몸 혀끝	경구개 혀바닥	연구개 혀뒤	목 청
안 울 림 소 리	파열음	예사소리 된소리 거센소리	ㅂ ㅃ ㅍ	ㄷ ㄸ ㅌ		ㄱ ㄲ ㅋ	
	파찰음	예사소리 된소리 거센소리			ㅈ ㅉ ㅊ		
	마찰음	예사소리 된소리		ㅅ ㅆ			ㅎ
울림 소리	비 음		ㅁ	ㄴ		ㅇ	
	유 음			ㄹ			

0.2

0.21 모음의 획은 ㅣ ㅣ - 으로 되어 있으며 쓰는 순서는 위에서 아래로, 왼쪽에서 오른쪽으로 긋는다.

모음이 세로 획(ㅣ)일 때는 자음은 모음 왼쪽에 오고, 가로 획(ㅡ)일 때는 자음은 모음 위에 온다.

모음의 소리가 첫소리로 날 때는 자음 ㅇ(이응)을 모음 앞에 쓰며, 이 때 ㅇ은 소리를 내지 않는다.

모음	소리	쓰는 순서
아	[a]	ㅇ 이 아
야	[ya]	ㅇ 이 아 야
어	[ə]	ㅇ ㅇ- 어
여	[yə]	ㅇ ㅇ- ㅇ- 여
오	[o]	ㅇ ㅇ 오
요	[yo]	ㅇ ㅇ ㅇ 요
우	[u]	ㅇ 으 우
유	[yu]	ㅇ 으 우 유
으	[ɨ]	ㅇ 으
이	[i]	ㅇ 이

위는 누구나 쓰기 쉽고 외우기 쉬운 모음의 순서로서 이것을 사전을 사용하는데 도움이 될 것이다.

예: 이   아이   오이   아우   여유
    여우   이유   우유   야유   야아!

0.22 한국어 자음의 이름과 쓰는 순서는 다음과 같다.

자 음	소 리	이 름	쓰 는 순 서
ㄱ	[k]	기역	ㄱ
ㄴ	[n]	니은	ㄴ
ㄷ	[t]	디귿	ㅡ ㄷ
ㄹ	[l]	리을	ㄱ ㄹ ㄹ
ㅁ	[m]	미음	ㅣ ㅁ ㅁ
ㅂ	[p]	비읍	ㅣ ㅔ ㅐ ㅂ
ㅅ	[s]	시옷	ノ ㅅ
ㅇ	[n]	이응	ㅇ
ㅈ	[c]	지읒	ㄱ ㅈ
ㅊ	[ch]	치읓	˙ ㅋ ㅊ
ㅋ	[kh]	키읔	ㄱ ㅋ
ㅌ	[th]	티읕	ㅡ ㅌ ㅌ
ㅍ	[ph]	피읖	ㅡ ㅍ ㅍ
ㅎ	[h]	히읗	ㅡ ㅎ

0.23 한국어 음절표

가	갸	거	겨	고	교	구	규	그	기
나	냐	너	녀	노	뇨	누	뉴	느	니
다	댜	더	뎌	도	됴	두	듀	드	디
라	랴	러	려	로	료	루	류	르	리
마	먀	머	며	모	묘	무	뮤	므	미
바	뱌	버	벼	보	뵤	부	뷰	브	비
사	샤	서	셔	소	쇼	수	슈	스	시
아	야	어	여	오	요	우	유	으	이
자	쟈	저	져	조	죠	주	쥬	즈	지
차	챠	처	쳐	초	쵸	추	츄	츠	치
카	캬	커	켜	코	쿄	쿠	큐	크	키
타	탸	터	텨	토	툐	투	튜	트	티
파	퍄	퍼	펴	포	표	푸	퓨	프	피
하	햐	허	혀	호	효	후	휴	흐	히

예:

고기	구두	라디오	머리	어머니
사요	누구	오다	바다	수저
부자	후추	코	휴가	아버지
치마	크다	타다	기차표	하다

0.24 앞에서 말한 10개의 기본 모음 이외에 11개의 다음과 같은 모음이
있다

모 음	소 리	쓰 는 순 서
애	[ä]	ㅇ 이 아 애
얘	[yä]	ㅇ 이 아 야 얘
에	[e]	ㅇ ㅇ 어 에
예	[ye]	ㅇ ㅇ ㅇ 여 예
와	[wa]	ㅇ ㅇ 오 외 와
왜	[wɛ]	ㅇ ㅇ 오 외 와 왜
외	[ø]	ㅇ ㅇ 오 외
워	[ə]	ㅇ 으 우 우 워
웨	[we]	ㅇ 으 우 우 워 웨
위	[wi]	ㅇ 으 우 위
의	[ɨi]	ㅇ 으 의

예: 왜   위에   얘기   전화   의자
    예   선생   폐   매우   교과서

0.25 한국어의 자음 중 몇 개는 조음 방법에 따라서 다음과 같이 구별한다.

simple	가	다	바	사	자
aspirated	카	타	파		차
tension	까	따	빠	싸	짜

예:

기다	가다	개다	도	바르다
키다		캐다	토	
끼다	까다	깨다	또	빠르다
부르다	사다	시	자다	자
푸르다			차다	차
뿌리다	싸다	씨	짜다	

0.26 모든 자음은 음절의 끝에 올 수 있지만 끝 소리가 되는 자음은 ㄱ, ㄴ, ㄷ, ㄹ, ㅁ, ㅂ, ㅇ, 7자음뿐이며 다른 자음은 모두 이 7자음 중의 하나의 소리로 바뀐다.

대표자음	음절 끝에 오는 자음	소 리	예
ㄱ	ㄱ, ㅋ	[k]	각, 부엌
ㄴ	ㄴ	[n]	눈
ㄷ	ㄷ, ㅅ, ㅈ, ㅊ, ㅌ, ㅎ	[t]	낟, 낫, 낮, 낯, 낱, 낳
ㄹ	ㄹ	[l]	쌀
ㅁ	ㅁ	[m]	봄
ㅂ	ㅂ, ㅍ	[p]	입, 잎
ㅇ	ㅇ	[ŋ]	영

0.27 음절 끝에 겹받침이 올 수 있는데, 발음되는 소리는 첫째 자음인 경우와 끝자음인 경우, 그리고 두 개의 자음 모두를 발음하는 경우가 있다.

첫째 자음을 발음하는 경우: ㄳ, ㄶ, ㄵ, ㄼ, ㄾ, ㅄ

예: 샀   많다   앉다   여덟
     핥다   값   없다

끝자음을 발음하는 경우: ㄺ, ㄻ, ㄿ

예: 늙다   닭   삶다   젊다   읊다

두 개의 자음 모두를 발음하는 경우: ㄼ, ㄺ

예: 밟다   넓다   읽다   맑다

제 1 과

이름이 무엇입니까?

1

오늘은 학교가 시작하는 날이다. 죤슨 씨는 교실로 들어갔다.

박선생 : 어서 오십시오.

죤 슨 : 선생님 안녕하십니까?

박선생 : 앉으십시오.

죤 슨 : 고맙습니다.

어서	please	오다	to come	선생	teacher
앉다	to sit	고맙다	to thank		

2

박선생 : 이름이 무엇입니까?

죤 슨 : 톰 죤슨입니다.

박선생 : 미국 사람입니까?

죤 슨 : 예, 미국 사람입니다.

이름	name	무엇	what	이다	to be
미국	America	사람	person	예	yes

3

박선생 : 책이 있습니까?

죤 슨 : 예, 있습니다.

박선생 : 사전도 있습니까?

죤 슨 : 아니오, 없습니다.

책	book	있다	to have	사전	dictionary
아니오	no	없다	to have not		

4

죤 슨 : 그것이 무엇입니까?

박선생 : 숙제입니다.

죤 슨 : 숙제가 많습니까?

박선생 : 예, 많습니다.

| 그것 | that (thing) | 숙제 | homework | 많다 | to be much |

5

안녕하십니까?

처음 뵙겠습니다.

톰 죤슨입니다.

미국에서 왔습니다.

한국말이 재미있습니다.

선생님이 좋습니다.

처음	for the first time	뵙다	to meet	에서	from
왔다	came	한국말	Korean language	재미있다	to be interesting
좋다	to be good (to like)				

Lesson 1

What is your name?

1

School begins today. Mr. Johnson went into the classroom.

Mr. Park   :   Come in.

Mr. Johnson :   Good morning, sir.

Mr. Park   :   Take a seat, please.

Mr. Johnson :   Thank you.

2

Mr. Park   :   What's your name?

Mr. Johnson :   My name is Tom Johnson.

Mr. Park   :   Are you an American?

Mr. Johnson :   Yes, I'm an American.

3

Mr. Park   :   Do you have a book?

Mr. Johnson :   Yes, I do.

Mr. Park   :   Do you have a dictionary, also?

Mr. Johnson :   No, I don't.

4

Mr. Johnson	:	What's that?
Mr. Park	:	It's homework.
Mr. Johnson	:	Do you have a lot of homework?
Mr. Park	:	Yes, I have a lot.

5

How are you?

I'm glad to meet you.

My name is Tom Johnson.

I came from the United States.

The Korean language is interesting.

I like the teacher.

문 법

1. 1 G1   -ㅂ니다 / -습니다

- Formal style declarative sentence-final verb ending. (see 2.1 G3)
- When the verb stem ends in a vowel, use -ㅂ니다.   When the verb stem ends in a consonant, use -습니다.

예: 가다   to go

가 + ㅂ니다 → 갑니다

(verb stem) (declarative final ending)

오다   to come

오 + ㅂ니다 → 옵니다

있다   to be, to exist; to have

있 + 습니다 → 있습니다

먹다   to eat

먹 + 습니다 → 먹습니다

1. 1 G2   -ㅂ니까? / -습니까?

- Formal style sentence-final question ending.

- When the verb stem ends in a vowel, use -ㅂ니까. When the verb stem ends in a consonant, use -습니까.

예: 가다　　　　to go

가　+　ㅂ니까　→　갑니까?

(verb stem)　(question final ending)

오다　　　　to come

오　+　ㅂ니까　→　옵니까?

있다　　　　to be exist; to have

있　+　습니까?　→　있습니까?

읽다　　　　to read

읽　+　습니까?　→　읽습니까?

• The intonation rises at the end of -ㅂ니까 / -습니까 if the question is a yes-no question (i.e. if there is no question word in the sentence). In sentences which contain a question word (who? what? when? why? how?), the intonation does not rise with this ending: instead it either remains level or even falls a bit at the end.

예: 미국 사람입니까?　↗　　　　　Are you an American?

책이 있습니까?　　↗　　　　Do you have the book?

이름이 무엇입니까?　↘　　　　What is your name?

어디에 가십니까?　↘　　　　Where are you going?

1.2 G1 -이 / -가

• This case particle comes after a noun to indicate that the noun is the subject of the sentence.

• When the noun ends in a consonant, use -이. When it ends in a vowel, use -가.

예: 이것이 책입니다.　　　　　This is a book.

이름이 무엇입니까?　　　　What is your name?

비가 옵니다.	It is raining. ("Rain comes.")
친구가 많습니다.	I have a lot of friends. ("Friends are many.")
의자가 없습니다.	There are no chairs. ("Chairs do not exist.")

• The personal pronouns 나, 너, 저 and the interrogative pronoun 누구 have irregular subject case forms:

예:	나 → 내 + 가	내가 말했습니다.	I spoke.
	저 → 제 + 가	제가 김영수입니다.	I am Kim Yongsoo.
	너 → 네 + 가	네가 가.	You go.
	누구 → 누 + 가	누가 왔습니까?	Who came?

• When a sentence has two subjects, the first becomes the subject of the entire sentence, and the second becomes the subject of the clause.

예:	동생이 키가 큽니다.	My younger sibling is tall.
	그 친구가 마음이 좋습니다.	That friend has a kind disposition.
	나는 한국말이 재미있습니다.	(As for me) Korean is fun.
	나는 그 사람이 싫습니다.	I don't like that person.
	그 사람은 친구가 많습니다.	That person has many friends.

1. 2 G2 -이다

• Unlike action verbs or a quality verbs (i.e. adjectives), which can stand independently at the end of the sentence, the copula -이다 attaches to a noun and functions like a verb. It is used to indicate the identity of a subject and a predicate, or to designate an object or thing.

예: 이것이 책상입니다.   This is a desk.
　　저는 학생입니다.   I am a student.
　　이 아이가 제 딸입니다.   This kid is my daughter.
　　여기가 우리집입니다.   This (place = here) is my ("our") house.
　　그분은 의사입니다.   That person is a doctor.

1.2 G3   -이 아니다 / -가 아니다

• The negative of the copula -이다 is -이 아니다. The structure of such a sentence consists of a subject and a verb clause, where -이 아니다 / -가 아니다 is the verb clause.

예: 나는 학생이 아닙니다.   I am not a student.
　　이것은 우리집이 아닙니다.   This is not our house.
　　이 아이는 제 딸이 아닙니다.   This kid is not my daughter.
　　여기는 국제우체국이 아닙니다.   This ("here") is not the international post office.
　　저분은 우리 어머니가 아닙니다.   That person is not my ("our") mother.

1.3 G1   있다

• The verb 있다 has the basic meaning "to exist", and covers the territory of English "to be, to have, to stay", etc. The negative of this verb is 없다 "not to exist."

예: 친구가 있습니다.   I have a friend. (A friend exists.)
　　시계가 있습니다.   I have a watch. (A watch exists.)
　　그림이 없습니다.   I do not have a picture. (A picture does not exist.)
　　질문이 있습니까?   Are there (any) questions?
　　돈이 없습니까?   Don't you have money? (Does money not exist?)

• When the subject is an esteemed individual, use 계시다 instead of 있다.

예: 선생님이 계십니다.   The teacher is in. ("The teacher exists.")
    의사 선생님이 계십니다.   The doctor is in.
    부모님이 계십니까?   Are your parents home?
                                        (or: Are your parents (still) alive?)

    아버지가 안 계십니다.   Father isn't home.
    김 교수님이 안 계십니다.   Professor Kim isn't in.

1.4 G1   이것 / 그것 / 저것

• These are the noun 것 meaning "thing" preceded by the deictic pronouns 이, 그, and 저, which always precede the noun they modify.

예: 이 아이 이름이 무엇입니까?   What is this child's name?
    그 책은 한국말 교과서입니다.   That book is a Korean language textbook.
    그분은 사무실에 계십니다.   He is in the office.
    저 건물이 우리 학교입니다.   That building is our school.

• 이것 designates something physically close to the speaker, 그것 designates something physically close to the hearer or refers to something already mentioned or known to both the speakers and hearers, and 저것 designates something removed from both the speaker and the hearer.

예: 이것이 무엇입니까?   What is this?
    그것이 사전입니다.   This is a dictionary.
    그것은 얼마입니까?   How much is that?
                                        (How much does that cost?).

    이것이 백 원입니다.   This is (costs) 100 won.
    저것은 오백 원입니다.   That (one over there) is 500 won.
    오늘 김 선생님이 오십니다.   Today Mr. Kim is coming.
    그것이 사실입니까?   Is that a fact?

1.5 G1 **Sentence Structure**

• A Korean sentence is made up of at least two words, and is always concluded with a VERB (with a sentence final ending). Korean sentences contain a subject and a verb.

<table>
<tr><td>주어</td><td>+</td><td>서술어</td></tr>
<tr><td>Subject</td><td></td><td>Predicative verb</td></tr>
</table>

예: 아이가 웁니다.	The child is crying.
꽃이 핍니다.	The flower blossoms.
버스가 많습니다.	There are many buses.
날씨가 좋습니다.	The weather is nice.
이것이 무엇입니까?	What is this?
이분이 의사입니다.	This person is a doctor.

• But Korean sentences with objects have a structure very different from European languages.

<table>
<tr><td>주어</td><td>+</td><td>목적어</td><td>+</td><td>서술어</td></tr>
<tr><td>Subject</td><td></td><td>Object</td><td></td><td>Predicative verb</td></tr>
</table>

예: 그 학생이 편지를 씁니다.	That student is writing a letter.
나는 선물을 삽니다.	I am buying a gift.
영수가 질문을 합니다.	Yongsoo asks a question.

유형 연습

1. 1   D1

(보기) 선 생 : 김 선생님
　　　 학 생 : 김 선생님, 안녕하십니까?

1) 선 생 : 이 선생님
　 학 생 : 이 선생님, 안녕하십니까?

2) 선 생 : 박 선생님
　 학 생 : 박 선생님, 안녕하십니까?

3) 선 생 : 정 선생님
　 학 생 : 정 선생님, 안녕하십니까?

4) 선 생 : 야마모토 선생님
　 학 생 : 야마모토 선생님, 안녕하십니까?

5) 선 생 : 스미스 선생님
　 학 생 : 스미스 선생님, 안녕하십니까?

1. 1   D2

(보기) 선 생 : 하다.
　　　 학 생 : 합니까?

1) 선 생 : 가다.
　 학 생 : 갑니까?

2) 선 생 : 오다.
   학 생 : 옵니까?

3) 선 생 : 공부하다.
   학 생 : 공부합니까?

4) 선 생 : 읽다.
   학 생 : 읽습니까?

5) 선 생 : 찾다.
   학 생 : 찾습니까?

1.1   D3

(보기) 선 생 : 합니까? (예)
       학 생 : 예, 합니다.

1) 선 생 : 갑니까? (예)
   학 생 : 예, 갑니다.

2) 선 생 : 옵니까? (예)
   학 생 : 예, 옵니다.

3) 선 생 : 공부합니까? (예)
   학 생 : 예, 공부합니다.

4) 선 생 : 읽습니까? (예)
   학 생 : 예, 읽습니다.

5) 선 생 : 찾습니까? (예)
   학 생 : 예, 찾습니다.

1.2   D1

(보기) 선 생 :   무엇
         학 생 :   무엇입니까?

1) 선 생 :   스미스 선생님
   학 생 :   스미스 선생님입니까?

2) 선 생 :   한국 사람
   학 생 :   한국 사람입니까?

3) 선 생 :   중국 사람
   학 생 :   중국 사람입니까?

4) 선 생 :   학생
   학 생 :   학생입니까?

5) 선 생 :   친구
   학 생 :   친구입니까?

1.2   D2

(보기) 선 생 :   스미스 선생님입니까?   (예)
         학 생 :   예, 스미스입니다.

1) 선 생 :   한국 사람입니까?   (예)
   학 생 :   예, 한국 사람입니다.

2) 선 생 :   중국 사람입니까?   (예)
   학 생 :   예, 중국 사람입니다.

3) 선 생 : 학생입니까? (예)
　 학 생 : 예, 학생입니다.

4) 선 생 : 친구입니까? (예)
　 학 생 : 예, 친구입니다.

5) 선 생 : 교과서입니까? (예)
　 학 생 : 예, 교과서입니다.

1.2 D3

(보기) 선 생 : 한국 사람입니까? (아니오 / 중국 사람)
　　　 학 생 : 아니오, 중국 사람입니다.

1) 선 생 : 미국 사람입니까? (아니오 / 영국 사람)
　 학 생 : 아니오, 영국 사람입니다.

2) 선 생 : 선생님입니까? (아니오 / 학생)
　 학 생 : 아니오, 학생입니다.

3) 선 생 : 스미스 선생님입니까? (아니오 / 죤슨)
　 학 생 : 아니오, 죤슨입니다.

4) 선 생 : 교과서입니까? (아니오 / 잡지)
　 학 생 : 아니오, 잡지입니다.

5) 선 생 : 연필입니까? (아니오 / 볼펜)
　 학 생 : 아니오, 볼펜입니다.

1.2   D4

(보기) 선 생 : 한국 사람입니까? (아니오)
학 생 : 아니오, 한국 사람이 아닙니다.

1) 선 생 : 미국 사람입니까? (아니오)
학 생 : 아니오, 미국 사람이 아닙니다.

2) 선 생 : 친구입니까? (아니오)
학 생 : 아니오, 친구가 아닙니다.

3) 선 생 : 연필입니까? (아니오)
학 생 : 아니오, 연필이 아닙니다.

4) 선 생 : 교과서입니까? (아니오)
학 생 : 아니오, 교과서가 아닙니다.

5) 선 생 : 잡지입니까? (아니오)
학 생 : 아니오, 잡지가 아닙니다.

1.3   D1

(보기) 선 생 : 교과서
학 생 : 교과서가 있습니까?

1) 선 생 : 연필
학 생 : 연필이 있습니까?

2) 선 생 : 친구
학 생 : 친구가 있습니까?

3) 선 생 : 돈
학 생 : 돈이 있습니까?

4) 선 생 : 시계

　　학 생 : 시계가 있습니까?

5) 선 생 : 가방

　　학 생 : 가방이 있습니까?

1.3 D2

(보기) 선 생 : 연필이 있습니까? (예)

　　　 학 생 : 예, 연필이 있습니다.

1) 선 생 : 친구가 있습니까? (예)

　　학 생 : 예, 친구가 있습니다.

2) 선 생 : 돈이 있습니까? (예)

　　학 생 : 예, 돈이 있습니다.

3) 선 생 : 시계가 있습니까? (예)

　　학 생 : 예, 시계가 있습니다.

4) 선 생 : 시간이 있습니까? (예)

　　학 생 : 예, 시간이 있습니다.

5) 선 생 : 질문이 있습니까? (예)

　　학 생 : 예, 질문이 있습니다.

1.3 D3

(보기) 선 생 : 사전이 있습니까? (아니오)

　　　 학 생 : 아니오, 사전이 없습니다.

1) 선 생 : 질문이 있습니까? (아니오)
   학 생 : 아니오, 질문이 없습니다.

2) 선 생 : 시간이 있습니까? (아니오)
   학 생 : 아니오, 시간이 없습니다.

3) 선 생 : 책상이 있습니까? (아니오)
   학 생 : 아니오, 책상이 없습니다.

4) 선 생 : 의자가 있습니까? (아니오)
   학 생 : 아니오, 의자가 없습니다.

5) 선 생 : 지도가 있습니까? (아니오)
   학 생 : 아니오, 지도가 없습니다.

1.3   D4

(보기) 선 생 : 선생님
       학 생 : 선생님이 계십니까?

1) 선 생 : 어머니
   학 생 : 어머니가 계십니까?

2) 선 생 : 아버지
   학 생 : 아버지가 계십니까?

3) 선 생 : 의사 선생님
   학 생 : 의사 선생님이 계십니까?

4) 선 생 : 주인
   학 생 : 주인이 계십니까?

5) 선 생 : 김 박사님
   학 생 : 김 박사님이 계십니까?

1.4 D1

(보기) 선 생 : 그것 / 사전
　　　　학 생 : 그것이 사전입니까?

1) 선 생 : 이것 / 숙제
　　학 생 : 이것이 숙제입니까?

2) 선 생 : 저것 / 지도
　　학 생 : 저것이 지도입니까?

3) 선 생 : 그것 / 신문
　　학 생 : 그것이 신문입니까?

4) 선 생 : 저것 / 남대문
　　학 생 : 저것이 남대문입니까?

5) 선 생 : 이것 / 불고기
　　학 생 : 이것이 불고기입니까?

1.4 D2

(보기) 선 생 : 그것이 지도입니까? (예 / 이것)
　　　　학 생 : 예, 이것이 지도입니다.

1) 선 생 : 그것이 신문입니까? (예 / 이것)
　　학 생 : 예, 이것이 신문입니다.

2) 선 생 : 이것이 영어 교과서입니까? (예 / 그것)
　　학 생 : 예, 그것이 영어 교과서입니다.

3) 선 생 : 이것이 김치입니까? (예 / 이것)
　　학 생 : 예, 이것이 김치입니다.

4) 선 생 : 저것이 문입니까? (예 / 저것)
   학 생 : 예, 저것이 문입니다.

5) 선 생 : 그것이 커피입니까? (예 / 이것)
   학 생 : 예, 이것이 커피입니다.

1.4   D3

(보기) 선 생 : 그것이 지도입니까? (아니오 / 신문)
       학 생 : 아니오, 신문입니다.

1) 선 생 : 그것이 신문입니까? (아니오 / 잡지)
   학 생 : 아니오, 잡지입니다.

2) 선 생 : 저것이 문입니까? (아니오 / 창문)
   학 생 : 아니오, 창문입니다.

3) 선 생 : 저것이 남대문입니까? (아니오 / 동대문)
   학 생 : 아니오, 동대문입니다.

4) 선 생 : 이것이 커피입니까? (아니오 / 보리차)
   학 생 : 아니오, 보리차입니다.

5) 선 생 : 그것이 볼펜입니까? (아니오 / 연필)
   학 생 : 아니오, 연필입니다.

1.4   D4

(보기) 선 생 : 학생이 많습니까? (예)
       학 생 : 예, 학생이 많습니다.

1) 선 생 : 돈이 많습니까? (예)
   학 생 : 예, 돈이 많습니다.

2) 선 생 : 친구가 많습니까? (예)
   학 생 : 예, 친구가 많습니다.

3) 선 생 : 시간이 많습니까? (예)
   학 생 : 예, 시간이 많습니다.

4) 선 생 : 사람이 많습니까? (예)
   학 생 : 예, 사람이 많습니다.

5) 선 생 : 숙제가 많습니까? (예)
   학 생 : 예, 숙제가 많습니다.

1.5 D1

(보기) 선 생 : 미국
       학 생1 : 미국에서 왔습니까? (예)
       학 생2 : 예, 미국에서 왔습니다.

1) 선 생 : 중국
   학 생1 : 중국에서 왔습니까? (예)
   학 생2 : 예, 중국에서 왔습니다.

2) 선 생 : 영국
   학 생1 : 영국에서 왔습니까? (예)
   학 생2 : 예, 영국에서 왔습니다.

3) 선 생 : 일본
   학 생1 : 일본에서 왔습니까? (예)
   학 생2 : 예, 일본에서 왔습니다.

4) 선 생 : 독일
   학 생1 : 독일에서 왔습니까? (예)
   학 생2 : 예, 독일에서 왔습니다.

5) 선 생 : 러시아
   학 생1 : 러시아에서 왔습니까? (예)
   학 생2 : 예, 러시아에서 왔습니다.

1. 5   D2

(보기) 선 생 : 어디에서 왔습니까? (미국)
       학 생 : 미국에서 왔습니다.

1) 선 생 : 어디에서 왔습니까? (독일)
   학 생 : 독일에서 왔습니다.

2) 선 생 : 어디에서 왔습니까? (프랑스)
   학 생 : 프랑스에서 왔습니다.

3) 선 생 : 어디에서 왔습니까? (캐나다)
   학 생 : 캐나다에서 왔습니다.

4) 선 생 : 어디에서 왔습니까? (부산)
   학 생 : 부산에서 왔습니다.

5) 선 생 : 어디에서 왔습니까? (대구)
   학 생 : 대구에서 왔습니다.

1. 5   D3

(보기) 선 생 : 한국말 / 재미있습니다.
       학 생 : 한국말이 재미있습니다.

1) 선 생 : 시계 / 좋습니다.
   학 생 : 시계가 좋습니다.

2) 선 생 : 교과서 / 많습니다.
   학 생 : 교과서가 많습니다.

3) 선 생 : 학생 / 공부합니다.
   학 생 : 학생이 공부합니다.

4) 선 생 : 친구 / 갑니다.
   학 생 : 친구가 갑니다.

5) 선 생 : 이것 / 숙제입니다.
   학 생 : 이것이 숙제입니다.

제 2 과

공부하기가 재미있습니다.

1

죤슨 씨는 교실에서 나와서 김미선 씨를 만났다.

죤 슨 : 식당이 어디에 있습니까?

김미선 : 저기에 있습니다.

죤 슨 : 도서관은 어디에 있습니까?

김미선 : 저 뒤에 있습니다. 같이 갑시다.

죤 슨 : 미안합니다.

김미선 : 괜찮습니다.

식당	restaurant	어디	where	저기	over there
도서관	library	저 뒤에	that behind	같이	together
괜찮다	It's all right				

2

두 사람은 도서관 쪽으로 간다.

김미선 :   공부하기가 어떻습니까?

죤 슨 :   재미있습니다.

미 선 :   누가 가르치십니까?

죤 슨 :   박 선생님이 가르치십니다.

미 선 :   학생들이 열심히 공부합니까?

죤 슨 :   예, 열심히 합니다.

공부하다	to study	어떻다	how (is it)?	누구	who
가르치다	to teach	학생	student	- 들	(plural)
열심히	work hard				

3

두 사람이 가는데 어떤 학생이 김미선 씨에게 인사를 하고 지나 갔다.

죤 슨 :   그분이 누구입니까?

미 선 :   친구입니다.

존 슨 : 무엇을 공부합니까?

미 선 : 역사를 공부합니다.

존 슨 : 저도 역사를 배우고 싶습니다.

미 선 : 그렇습니까?

그분	that person	친구	friend	역사	history
저	I	- 도	also, too	배우다	to learn
-고 싶다.	to want to	그렇다	it is so		

4

두 사람은 도서관으로 들어갔다.

존 슨 : 이것은 무슨 책입니까?

미 선 : 소설책입니다.

존 슨 : 신문하고 잡지는 어디에 있습니까?

미 선 : 저 방에 있습니다.

존 슨 : 이제 나갑시다.

미 선 : 좋습니다. 나갑시다.

무슨	which	소설책	novel	신문	newspaper
잡지	magazine	방	room	이제	now
나가다	to go out				

5

나는 날마다 도서관에 갑니다.

도서관에는 책이 많습니다.

학생도 많습니다.

학생들이 열심히 공부합니다.

나는 책을 읽습니다.

잡지하고 신문도 읽습니다.

숙제도 합니다.

| 나 | I | 날마다 | everyday | 읽다 | to read |

Lesson 2

It is interesting to study.

1

Mr. Johnson comes out of the classroom and meets Ms. Kim Mi-Sun.

Mr. Johnson : Where's the restaurant?

Ms. Kim : It's over there.

Mr. Johnson : Where is the library?

Ms. Kim : It is behind there. Come with me.

Mr. Johnson : I hope I'm not bothering you.

Ms. Kim : Not at all.

2

The two of them go towards the library.

Ms. Kim : How's your studying coming along?

Mr. Johnson : It's interesting.

Ms. Kim : Who teaches you?

Mr. Johnson : Mr. Park teaches me.

Ms. Kim : Do the students work hard?

Mr. Johnson : Yes, they do.

3

On their way to the library, one student said hello to Ms. Kim.

Mr. Johnson :   Who is he?
Ms. Kim   :   He's a friend.
Mr. Johnson :   What is he studying?
Ms. Kim   :   He's studying history.
Mr. Johnson :   I would like to learn history, also.
Ms. Kim   :   Really?

4

The two of them went inside the library.

Mr. Johnson :   What book is this?
Ms. Kim   :   It's a novel.
Mr. Johnson :   Where are the newspapers and magazines?
Ms. Kim   :   They are in that room.
Mr. Johnson :   Let's go now.
Ms. Kim   :   O.K.

5

I go to the library everyday.
There are many books in the library.
There are many students, too.
The students study very hard.
I read books.
I read magazines and newspapers, too.
And I do my homework.

문 법

2. 1 G1 -에

• This practicle expresses static location ("at, in") or the goal of a verb of motion ("to, towards").

예: 영수는 집에 있습니다.   Yongsoo is at home.

부모님이 고향에 계십니다.   My parents live in my hometown.

시장에 물건이 많습니다.   There are many goods at the market.

날마다 도서관에 갑니다.   I go to the library everyday.

어디에 가십니까?   Where are you going?

내일 우리 집에 오십시오.   Please come to our house tomorrow.

• -에 있다 is the locative particle -에 added to the verb 있다.

예: 책이 책상에 있습니다.   The book is on the desk.

도서관이 어디에 있습니까?   Where is the library?

동생이 미국에 있습니다.   My younger sibling is in America.

학생들이 교실에 없습니다.   The students are not in the classroom.

어머니는 집에 계십니다.   Mother is at home.

2. 1 G2 여기, 거기, 저기

• These are pronouns indicating place. 여기 designates a place physically close to the speaker, 거기 designates a place close to the hearer or a place already mentioned or known to the speaker and hearer, and 저기 designates a place far removed from both the speaker and the hearer.

예: 여기가 어디입니까?	Where am I? (What place is this?)
여기에 앉으십시오.	Sit here.
거기에 무엇이 있습니까?	What is there?
내일 거기에서 만납시다.	Let's meet there tomorrow.
저기가 남산입니다.	That place over there is Namsan.

2. 1 G3 Sentence-final endings

• In Korean sentence structure, sentence-final endings attach to the stem of the last verb in the sentence and conclude the sentence.

나는 갑니다. →	나	는	가	ㅂ니다.
	Noun	Particle	Verb stem	Final ending
	Subject		Verb	

• According to their form, final endings can be divided into four types:

stem \ form	declarative	interrogative	imperative	Let's
vowel-final	-ㅂ니다	-ㅂ니까	- 십시오	-ㅂ시다
consonant-final	-습니다	-습니까	-으십시오	-읍시다

• Final endings are divided into formal vs. non-formal: formal endings are used in official conversations or in situations characterized by some formality, stiffness or distance, whereas nonformal endings are used in conversations with close friends.

2. 1 G4 -ㅂ시오

• This imperative final ending is used when the speaker requests some action from or makes the hearer do something. This final ending is used with the honorific suffix -시- (see 2.2 G1), so when the verb stem ends in a vowel you use, -십시오, and when the verb stem ends in a consonant you use -으십시오.

예: 가다   to go

가	+	시	+	ㅂ시오	→	가십시오.
verb stem		honorific suffix		imperative final ending		

오다   to come

오 + 십시오 → 오십시오

읽다   to read

읽 + 으십시오 → 읽으십시오

찾다   to look for

찾 + 으십시오 → 찾으십시오

2. 1 G5 -(으)ㅂ시다

• This is a hortatory ("Let's") final ending which is used when the speaker wants the hearer to perform some action together. When the verb stem ends in a vowel, use -ㅂ시다, and when the verb stem ends in a consonant, use -읍시다.

예: 가다   to go

가	+	ㅂ시다	+	갑시다
verb stem		hortatory final ending		

읽다   →   to read

읽　　　+　읍시다　　→　　읽읍시다

앉다　　　　　　　　　　to sit down

앉　　　+　읍시다　　→　　앉읍시다

2.2 G1 -(으)시-

• This is the honorific suffix, which attaches to any verb stem and expresses respect. If the verb stem ends in a vowel, the suffix has the shape -시-, and if the verb stem ends in a consonant, it has the shape -으시. -으시- raises, honors or exalts the subject of the sentence.

예: 선생님이 오십니다.	The teacher is coming.
이분은 부인이십니까?	Is this person your wife?
내일 회사에 가시겠습니까?	Will you go to the company tomorrow?
아버지는 신문을 읽으십니다.	Father is reading the paper.
선생님은 공부하기가 재미있으십니까?	Is it fun for you to study?

• There are also some verbs which do not use -으시- and instead change the verb stem entirely.

예: 자다	→	주무시다	to sleep
먹다	→	잡수시다	to eat
있다	→	계시다	to be

• There are also some special words used to express respect towards things or objects related to or owned by an esteemed individual.

예: 밥	→	진지	boiled rice

말	→	말씀	words; what is said
집	→	댁	house

• One can attach the suffix -님 to nouns denoting persons in order to express respect.

예: 선생	→	선생님	teacher
박사	→	박사님	Dr. (Ph.D.)
부모	→	부모님	parents
딸	→	따님	daughter
아들	→	아드님	son

• When one wishes to show respect toward the subject of a sentence, instead of the subject case marker -이 / -가 you can use the honorific subject case marker -께서.

2. 3 G1 -을 / -를

• This is a case particle which attaches to a noun to show that it is the object of the sentence. If the noun ends in a consonant, use -을, and if the noun ends in a vowel, use -를.

예: 그분은 신문을 봅니다.	That person is reading the paper.
나는 밥을 잘 먹습니다	I eat a lot.
이 아이는 빵을 좋아합니다.	This child likes bread.
학생들이 노래를 잘 부릅니다.	The students sing (songs) well.
나는 친구를 기다립니다.	I am waiting for a friend.

2. 3 G2 -도

• This particle attaches to nouns to indicate unity, sameness or identity (English "too, also; even"). Sometimes it can express emphasis, too.

예: 그분은 한국 사람입니다.　　　That person is Korean.
　　저도 한국 사람입니다.　　　　I, too, am Korean.

　　버스가 많습니다.　　　　　　There are many buses.
　　택시도 많습니다.　　　　　　There are many taxis, too.

　　나는 바지를 샀습니다.　　　　I bought (a pair of) trousers.
　　구두도 샀습니다.　　　　　　I also bought (some) shoes.

　　오늘은 시간이 없습니다.　　　Today I have no time.
　　돈도 없습니다.　　　　　　　I don't have any money, either.

2. 3 G3 -고 싶다

• This form attaches to action verb stems and expresses the speaker's desire or wish for the realization of the concept denoted by the verb. Usually this pattern is limited to the first person subjects (I, we) in declarative sentences, and to the second person subjects (you) in questions.

예: 저는 역사를 배우고 싶습니다.　　I want to study history.
　　나는 인삼차를 마시고 싶습니다.　I want to drink ginseng tea.
　　가을에는 여행을 가고 싶습니다.　I want to travel in fall.
　　주말에는 뭘 하고 싶습니까?　　What do you want to do (this) weekend?
　　고향에 가고 싶습니까?　　　　Do you want to go to your hometown?

• When the subject is a third person, use the pattern -고 싶어하다.

예: 아이가 밖에 나가고 싶어합니다.　　The child wants to go outside.
　　그 사람이 나를 만나고 싶어합니다.　He wants to meet me.
　　우리 부모님께서 서울에 오고　　My parents want to come to Seoul.
　　싶어 하십니다.

2. 4 G1 -하고

• This particle connects two nouns on an equal basis (English "A and B") (see 3.5 G2).

예: 나는 빵하고 우유를 먹습니다.   I am eating bread and milk.

어머니는 과자하고 과일을
사셨습니다.   Mother bought cookies and fruit.

가방에 책하고 공책이 있습니다   There are a book and a notebook
in the briefcase.

도서관에 신문하고 잡지가 많습니다.   There are many newspapers and
magazines in the library.

2. 4 G2 -은 / -는

• This particle designates the topic or theme of a sentence, and also expresses contrast and emphasis. It can be attached to all case markers except the subject and object particles, which delete before the topic marker. When the noun (or case marker) ends in a consonant, use -은, and when the noun ends in a vowel, use -는.

예: 이분은 김 선생님입니다.   This (person) is Mr. Kim.
나는 김치는 싫습니다.   I hate *kimchee*.
그 아이는 운동은 잘 합니다.   That child is good at sports.
집에서는 공부하지 않습니까?   Don't you study at home?
12시에는 점심을 먹습니다.   I eat lunch at 12 o'clock.

• This particle can also attaches to adverbs or verb endings.

예: 최 선생이 일을 잘은 합니다.   Mr. Choi works well.
책이 비싸지는 않습니다.   The book isn't expensive.

유형 연습

2.1   D1

(보기) 선 생 : 식당
       학 생 : 식당이 어디에 있습니까?

1) 선 생 : 연세대학교
   학 생 : 연세대학교가 어디에 있습니까?

2) 선 생 : 시장
   학 생 : 시장이 어디에 있습니까?

3) 선 생 : 우체국
   학 생 : 우체국이 어디에 있습니까?

4) 선 생 : 은행
   학 생 : 은행이 어디에 있습니까?

5) 선 생 : 교실
   학 생 : 교실이 어디에 있습니까?

2.1   D2

(보기) 선 생 : 식당이 어디에 있습니까? (저기)
       학 생 : 저기에 있습니다.

1) 선 생 : 세브란스병원이 어디에 있습니까? (신촌)
   학 생 : 신촌에 있습니다.

2) 선 생 : 학생이 어디에 있습니까? (교실)
   학 생 : 교실에 있습니다.

3) 선 생 : 사전이 어디에 있습니까? (집)
   학 생 : 집에 있습니다.

4) 선 생 : 연필이 어디에 있습니까? (여기)
   학 생 : 여기에 있습니다.

5) 선 생 : 공항이 어디에 있습니까? (김포)
   학 생 : 김포에 있습니다.

2. 1 D3

(보기) 선 생 : 갑니다.
       학 생 : 갑시다.

1) 선 생 : 만납니다.
   학 생 : 만납시다.

2) 선 생 : 쉽니다.
   학 생 : 쉽시다.

3) 선 생 : 기다립니다.
   학 생 : 기다립시다.

4) 선 생 : 읽습니다.
   학 생 : 읽읍시다.

5) 선 생 : 찾습니다.
   학 생 : 찾읍시다.

2. 1   D4

(보기) 선 생 : 갑니다.
　　　　학 생 : 가십시오.

1) 선 생 : 공부합니다.
　 학 생 : 공부하십시오.

2) 선 생 : 쉽니다.
　 학 생 : 쉬십시오.

3) 선 생 : 씁니다.
　 학 생 : 쓰십시오.

4) 선 생 : 읽습니다.
　 학 생 : 읽으십시오.

5) 선 생 : 찾습니다.
　 학 생 : 찾으십시오.

2. 2   D1

(보기) 선 생 : 공부합니다.
　　　　학 생 : 공부하기가 어떻습니까?

1) 선 생 : 가르칩니다.
　 학 생 : 가르치기가 어떻습니까?

2) 선 생 : 기다립니다.
　 학 생 : 기다리기가 어떻습니까?

3) 선 생 : 배웁니다.
　 학 생 : 배우기가 어떻습니까?

4) 선 생 : 일합니다.
   학 생 : 일하기가 어떻습니까?

5) 선 생 : 씁니다.
   학 생 : 쓰기가 어떻습니까?

2.2 D2

(보기) 선 생 : 공부하기가 어떻습니까? (재미있습니다)
       학 생 : 공부하기가 재미있습니다.

1) 선 생 : 가르치기가 어떻습니까? (재미있습니다)
   학 생 : 가르치기가 재미있습니다.

2) 선 생 : 기다리기가 어떻습니까? (피곤합니다)
   학 생 : 기다리기가 피곤합니다.

3) 선 생 : 일하기가 어떻습니까? (어렵습니다)
   학 생 : 일하기가 어렵습니다.

4) 선 생 : 한글 쓰기가 어떻습니까? (쉽습니다)
   학 생 : 한글 쓰기가 쉽습니다.

5) 선 생 : 사전 찾기가 어떻습니까? (재미있습니다)
   학 생 : 사전 찾기가 재미있습니다.

2.2 D3

(보기) 선 생 : 갑니다.
       학 생 : 가십니다.

1) 선 생 :   공부합니다.
   학 생 :   공부하십니다.

2) 선 생 :   기다립니다.
   학 생 :   기다리십니다.

3) 선 생 :   읽습니다.
   학 생 :   읽으십니다.

4) 선 생 :   먹습니다.
   학 생 :   잡수십니다.

5) 선 생 :   잡니다.
   학 생 :   주무십니다.

2.2   D4

(보기) 선 생 :   누가 가르칩니까? (박 선생님)
       학 생 :   박 선생님이 가르치십니다.

1) 선 생 :   누가 일합니까? (김 선생님)
   학 생 :   김 선생님이 일하십니다.

2) 선 생 :   누가 기다립니까? (부모님)
   학 생 :   부모님이 기다리십니다.

3) 선 생 :   누가 읽습니까? (정 박사님)
   학 생 :   정 박사님이 읽으십니다.

4) 선 생 :   누가 잡수십니까? (아버지)
   학 생 :   아버지가 잡수십니다.

5) 선 생 :   누가 주무십니까? (할아버지)
   학 생 :   할아버지가 주무십니다.

2.3 D1

(보기) 선 생 : 한국말 / 공부합니다.
　　　　학 생 : 한국말을 공부합니다.

1) 선 생 : 신문 / 봅니다.
　 학 생 : 신문을 봅니다.

2) 선 생 : 밥 / 먹습니다.
　 학 생 : 밥을 먹습니다.

3) 선 생 : 노래 / 부릅니다.
　 학 생 : 노래를 부릅니다.

4) 선 생 : 친구 / 기다립니다.
　 학 생 : 친구를 기다립니다.

5) 선 생 : 운전 / 합니다.
　 학 생 : 운전을 합니다.

2.3 D2

(보기) 선 생 : 무엇을 공부합니까? (한국말)
　　　　학 생 : 한국말을 공부합니다.

1) 선 생 : 무엇을 봅니까? (신문)
　 학 생 : 신문을 봅니다.

2) 선 생 : 무엇을 먹습니까? (밥)
　 학 생 : 밥을 먹습니다.

3) 선 생 : 무엇을 합니까? (노래)
　 학 생 : 노래를 합니다.

4) 선 생 :   누구를 기다립니까? (친구)
   학 생 :   친구를 기다립니다.

5) 선 생 :   무엇을 합니까? (운전)
   학 생 :   운전을 합니다.

2.3   D3

(보기) 선 생 :   한국말을 공부합니까? (예 / 영어)
       학 생 :   예, 영어도 공부합니다.

1) 선 생 :   신문을 봅니까? (예 / 잡지)
   학 생 :   예, 잡지도 봅니다.

2) 선 생 :   밥을 먹습니까? (예 / 빵)
   학 생 :   예, 빵도 먹습니다.

3) 선 생 :   노래를 합니까? (예 / 연극)
   학 생 :   예, 연극도 합니다.

4) 선 생 :   한글을 공부합니까? (예 / 한자)
   학 생 :   예, 한자도 공부합니다.

5) 선 생 :   최 선생님이 가르치십니까? (예 / 김 선생님)
   학 생 :   예, 김 선생님도 가르치십니다.

2.3   D4

(보기) 선 생 :   역사 / 배웁니다.
       학 생 :   역사를 배우고 싶습니다.

1) 선 생 : 운전 / 합니다.
   학 생 : 운전을 하고 싶습니다.

2) 선 생 : 영화 / 봅니다.
   학 생 : 영화를 보고 싶습니다.

3) 선 생 : 물건 / 삽니다.
   학 생 : 물건을 사고 싶습니다.

4) 선 생 : 일본어 / 가르칩니다.
   학 생 : 일본어를 가르치고 싶습니다.

5) 선 생 : 여행 / 합니다.
   학 생 : 여행을 하고 싶습니다.

2.3 D5

(보기) 선 생 : 무엇을 배우고 싶습니까? (역사)
       학 생 : 역사를 배우고 싶습니다.

1) 선 생 : 무엇을 하고 싶습니까? (운동)
   학 생 : 운동을 하고 싶습니다.

2) 선 생 : 무엇을 보고 싶습니까? (영화)
   학 생 : 영화를 보고 싶습니다.

3) 선 생 : 무엇을 사고 싶습니까? (가방)
   학 생 : 가방을 사고 싶습니다.

4) 선 생 : 무엇을 잡수시고 싶습니까? (불고기)
   학 생 : 불고기를 먹고 싶습니다.

5) 선 생 : 어디에 가고 싶습니까? (설악산)
   학 생 : 설악산에 가고 싶습니다.

2.4   D1

(보기) 선 생 :   신문 / 잡지를 봅니다.
　　　 학 생 :   신문하고 잡지를 봅니다.

1) 선 생 :   사람 / 차가 많습니다.
　 학 생 :   사람하고 차가 많습니다.

2) 선 생 :   책 / 공책이 있습니다.
　 학 생 :   책하고 공책이 있습니다.

3) 선 생 :   빵 / 우유를 먹습니다.
　 학 생 :   빵하고 우유를 먹습니다.

4) 선 생 :   옷 / 구두를 삽니다.
　 학 생 :   옷하고 구두를 삽니다.

5) 선 생 :   설악산 / 제주도가 좋습니다.
　 학 생 :   설악산하고 제주도가 좋습니다.

2.4   D2

(보기) 선 생 :   김 선생님이 갑니다. (박 선생님 / 옵니다)
　　　 학 생 :   박 선생님은 옵니다.

1) 선 생 :   제가 한국말 선생님입니다. (저분 / 영어 선생님입니다)
　 학 생 :   저분은 영어 선생님입니다.

2) 선 생 :   교과서가 있습니다. (사전 / 없습니다)
　 학 생 :   사전은 없습니다.

3) 선 생 :   말하기가 재미있습니다. (듣기 / 어렵습니다)
　 학 생 :   듣기는 어렵습니다.

4) 선 생 : 사과가 쌉니다. (바나나 / 비쌉니다)
   학 생 : 바나나는 비쌉니다.

5) 선 생 : 친구가 TV를 봅니다. (저 / 숙제를 합니다)
   학 생 : 저는 숙제를 합니다.

2.4 D3

(보기) 선 생 : 신문하고 잡지는 어디에 있습니까? (방)
       학 생 : 신문하고 잡지는 방에 있습니다.

1) 선 생 : 교과서하고 공책은 어디에 있습니까? (책상 위)
   학 생 : 교과서하고 공책은 책상 위에 있습니다.

2) 선 생 : 우체국하고 은행은 어디에 있습니까? (학교 앞)
   학 생 : 우체국하고 은행은 학교 앞에 있습니다.

3) 선 생 : 도서관하고 식당은 어디에 있습니까? (이 건물 뒤)
   학 생 : 도서관하고 식당은 이 건물 뒤에 있습니다.

4) 선 생 : 백화점하고 호텔은 어디에 있습니까? (명동 근처)
   학 생 : 백화점하고 호텔은 명동 근처에 있습니다.

5) 선 생 : 과일하고 고기는 어디에 있습니까? (냉장고 안)
   학 생 : 과일하고 고기는 냉장고 안에 있습니다.

2.5 D1

(보기) 선 생 : 도서관 / 갑니다.
       학 생 : 도서관에 갑니다.

1) 선 생 : 집 / 갑니다.

학 생 : 집에 갑니다.

2) 선 생 : 사무실 / 갑니다.
   학 생 : 사무실에 갑니다.

3) 선 생 : 학교 / 옵니다.
   학 생 : 학교에 옵니다.

4) 선 생 : 대사관 / 갑니다.
   학 생 : 대사관에 갑니다.

5) 선 생 : 바다 / 갑니다.
   학 생 : 바다에 갑니다.

2.5 D2

(보기) 선 생 : 어디에 가십니까? (도서관)
       학 생 : 도서관에 갑니다.

1) 선 생 : 어디에 가십니까? (집)
   학 생 : 집에 갑니다.

2) 선 생 : 어디에 가십니까? (대사관)
   학 생 : 대사관에 갑니다.

3) 선 생 : 어디에 가십니까? (시내)
   학 생 : 시내에 갑니다.

4) 선 생 : 어디에 가십니까? (교회)
   학 생 : 교회에 갑니다.

5) 선 생 : 어디에 가십니까? (다방)
   학 생 : 다방에 갑니다.

2.5 D3

(보기) 선 생 : 날마다 어디에 가십니까? (학교에 갑니다)
　　　 학 생 : 날마다 학교에 갑니다.

1) 선 생 : 날마다 무엇을 하십니까? (한국말을 배웁니다)
　 학 생 : 날마다 한국말을 배웁니다.

2) 선 생 : 아침마다 무엇을 잡수십니까? (밥을 먹습니다)
　 학 생 : 아침마다 밥을 먹습니다.

3) 선 생 : 저녁마다 무엇을 하십니까? (텔레비젼을 봅니다)
　 학 생 : 저녁마다 텔레비젼을 봅니다.

4) 선 생 : 오전마다 무엇을 하십니까? (일을 합니다)
　 학 생 : 오전마다 일을 합니다.

5) 선 생 : 주말마다 누구를 만납니까? (친구를 만납니다)
　 학 생 : 주말마다 친구를 만납니다.

제 3 과

뭘 드시겠습니까?

1

김미선 씨와 존슨 씨는 도서관에서 나왔다.

김미선 : 지금 몇 시입니까?

존 슨 : 한 시입니다.

김미선 : 배가 고픕니다.

존 슨 : 식당에 갑시다.

김미선 : 무슨 음식을 좋아하십니까?

존 슨 : 한식을 좋아합니다.

지금	now	몇	what	시	time
배	stomach	고프다	to be hungry	음식	food
좋아하다	to like	한식	Korean food		

2

두 사람은 한식집에 들어갔다.

김미선 :　덥지요?

죤　슨 :　예, 덥습니다.

김미선 :　여보세요, 여기 물 좀 주십시오.

죤　슨 :　뭘 잡수시겠습니까?

김미선 :　저는 냉면을 먹겠습니다.

죤　슨 :　그럼, 불고기하고 냉면을 시킵시다.

덥다	to be hot	물	water	주다	to give
잡수시다	to eat	냉면	*naengmyon* (cold noodles)	먹다	to eat
그럼	then (and then)	불고기	*pulgogi*	시키다	to order

3

김미선 :　불고기 맛이 어떻습니까?

죤　슨 :　참 맛이 있습니다.

김미선 :　이것 좀 잡수십시오.

죤　슨 :　그것이 무엇입니까?

김미선 : 오이김치입니다.

죤 슨 : 맵습니까?

김미선 : 아니오, 맵지 않습니다.

맛	taste	참	very
오이	cucumber	맵다	to be hot (spicy)

4

김미선 : 불고기를 더 시킬까요?

죤 슨 : 아니오, 많이 먹었습니다.

김미선 : 그럼, 차를 마십시다.

죤 슨 : 인삼차가 어떻습니까?

김미선 : 저는 커피를 마시겠습니다.

죤 슨 : 여보세요, 인삼차하고 커피를 주십시오.

더	more	차	tea	마시다	to drink
인삼차	ginseng tea				

5

나는 한 시에 점심을 먹습니다.

나는 한국 음식을 좋아합니다.

오늘은 친구와 같이 식당에 갔습니다.

비빔밥하고 냉면을 시켰습니다.

그 집 음식이 참 맛이 있었습니다.

값도 비싸지 않았습니다.

아가씨도 친절했습니다.

점심	lunch	오늘	today	값	price
비싸다	to be expensive	아가씨	lady(waitress)	친절하다	to be kind

Lesson 3

What would you like to eat?

1

Ms. Kim and Mr. Johnson came out of the library.

Ms. Kim : What time is it now?

Mr. Johnson : It's one o'clock.

Ms. Kim : I'm hungry.

Mr. Johnson : Let's go to a restaurant.

Ms. Kim : What kind of food do you like?

Mr. Johnson : I like Korean food.

2

The two of them went to a Korean restaurant.

Ms. Kim : It's hot, isn't it?

Mr. Johnson : Yes, it is.

Ms. Kim : Excuse me. Please give me some water.

Mr. Johnson : What would you like to eat?

Ms. Kim : I'll have *naengmyon*.

Mr. Johnson : Then, let's order *pulgogi* and *naengmyon*.

3

Ms. Kim	:	How is the *pulgogi?*
Mr. Johnson	:	It's very good.
Ms. Kim	:	Try some of this.
Mr. Johnson	:	What is that?
Ms. Kim	:	It's cucumber *kimchi.*
Mr. Johnson	:	Is it spicy?
Ms. Kim	:	No, it isn't.

4

Ms. Kim	:	Should we order some more *pulgogi?*
Mr. Johnson	:	No, I've eaten a lot.
Ms. Kim	:	Then, let's have something to drink.
Mr. Johnson	:	How about ginseng tea?
Ms. Kim	:	I'll have coffee.
Mr. Johnson	:	Excuse me. One cup of coffee and one cup of ginseng tea, please.

5

I have lunch at one o'clock.

I like Korean food.

Today I went to a restaurant with a friend.

We ordered *pibimppap* and *naengmyon.*

The food at the restaurant was good.

The price was reasonable, too.

Also, the waitress was kind.

문 법

3. 1 G1 The Korean Numerals

1	하나	10	열
2	둘	20	스물
3	셋	30	서른
4	넷	40	마흔
5	다섯	50	쉰
6	여섯	60	예순
7	일곱	70	일흔
8	여덟	80	여든
9	아홉	90	아흔
10	열	100	백
11	열하나		
12	열둘		
⋮	⋮		
⋮	⋮		
⋮	⋮		

• When counting things, the Korean numerals are used together with counters or classifiers which differ according to the type of object being counted. In such cases, the numerals 하나, 둘, 셋 and 넷 appear in prenominal form and take the shapes 한, 두, 세 and 네, respectively.

예: 한 시   일곱 시
    두 시   여덟 시
    세 시   아홉 시
    네 시   열 시
    다섯 시   열한 시
    여섯 시   열두 시

3.2 G1   -겠-

• This suffix attaches to the verb base and forms the future tense. Depending on the person of the verb, –겠– can express intention or supposition as well.

예: 오늘 저는 집에 있겠습니다.   Today I will be at home.
    내일 다시 오겠습니다.   I'll come again tomorrow.
    저녁에는 친구를 만나겠습니다.   In the evening I shall meet a friend.
    오늘 밤에 전화하겠습니다.   I will telephone tonight.

3.2 G2   -지요

• This sentence-final verbal ending attaches to the verb base, and is used when the speaker wants to seek the hearer's agreement or wants to ascertain the hearer's meaning.

Depending on the intonation, this form can be used as a declarative, an interrogative, an imperative, or a suggestion.

예: 그 일은 제가 하지요.   Let me do that. *or*: Why don't I do that?

제가 돈을 내지요.   Let me pay. *or*: Why don't I pay?

날씨가 덥지요?   It's hot, isn't it?

선생님이 좋지요?   The teacher is good, isn't (s)he?

먼저 가시지요.   Please go first.

더 잡수시지요.   Please eat some more, why don't you?

같이 가시지요.   Come with us, won't you?

내일 또 만나지요.   See you again tomorrow.

3. 3 G1 -지 않다

• This form attaches to the verb stem to form a negative. It is not used for imperatives or suggestions.

예: 내일은 학교에 가지 않습니다.   Tomorrow I'm not going to school.

그 학생은 숙제를 하지 않습니다.   That student doesn't do his homework.

요즘은 바쁘지 않습니까?   Aren't you busy recently?

기분이 좋지 않습니다.   I'm not in a good mood.

3. 3 G2 안

• This is an adverb placed in front of verbs to express negation.

예: 그것은 안 사겠습니다.   I won't buy that one.

우유를 안 마십니다.   I don't drink milk.

라디오를 안 들으십니까?   Don't you listen to the radio?

•In the case of structures like N+하다, 안 is placed between the noun and 하다. In such a case, it is usual to place a particle after the noun.

예: 그 사람은 말을 안 합니다.   That person doesn't speak.
    아이들이 공부를 안 합니다.   The children don't study.
    요즘은 운동을 안 합니다.   Lately I'm not doing any exercise.

3.4 G1 – (으)ㄹ까요?

• This is a sentence-final question form which attaches to the verb stem to express presumption, supposition or intention. When the subject is first-person sigular ("I"), the speaker uses this form to ask the hearer's opinion about the speaker's action, and when the subject is first-person plural ("we"), the speaker uses this form to suggest that the speaker and the hearer do something together.

• When the verb stem ends in a vowel, use – ㄹ까요, and when it ends in a consonant, use – 을까요.

예: (제가) 전화를 할까요?   Shall I telephone?
    (제가) 문을 닫을까요?   Shall I shut the door?
    (우리가) 무엇을 시킬까요?   What shall we order?
    (우리가) 내일 일찍 만날까요? Shall we meet early tomorrow?

• When the subject is first-person singular, the response is – (으)십시오, and when the subject is first-person plural, the response is – (으)십시다.

3.4 G2 Verb Tense

• Korean, like many other languages, distinguishes past, present and future tenses. But in addition, Korean tense distinctions can also express aspectual meanings related to the state of a certain object or state of affairs, or to the speaker's intentions or attitude, etc. The tense forms are −았− / −었− / −였−, and −겠−, and are followed by verb endings.

Usage \ Tense	Past	Present	Future
Verb stems in −아, −오	−았−		
Verb stems in −어, −우, −으, −이	−었−	− −	−겠−
the verb stem 하−	−였−		

예: 박 선생님은 요즘 바쁘십니다.   Mr. Pak is busy lately.

학생들이 책을 읽습니다.   The students are reading books.

나는 어제 친구를 만났습니다.   Yesterday I met a friend.

그 영화는 재미있었습니다.   That movie was interesting.

주말에 여행을 떠나겠습니다.   On the weekend I shall depart on a trip.

내일은 비가 오겠습니다.   Tomorrow it will rain.

3.4 G3 −았− / −었− / −였−

• These are the past tense-aspect forms, and express the completion of an action. When the verb stem ends in 오 or 아, use -았- : when the verb stem ends in any other vowel, use -었-. If the verb base is 하-, use -였-. When the verb stem and this ending combine,

ㅏ	+	았	→	았	가 + 았 + 다	→	가았다	→	갔다
					사 + 았 + 다	→	사았다	→	샀다
ㅓ	+	었	→	었	서 + 었 + 다	→	서었다	→	섰다
ㅡ	+	었	→	었	쓰 + 었 + 다	→	쓰었다	→	썼다
ㅗ	+	았	→	왔	오 + 았 + 다	→	오았다	→	왔다
					보 + 았 + 다	→	보았다	→	봤다
ㅜ	+	었	→	웠	배우 + 었 + 다	→	배우었다	→	배웠다
ㅣ	+	었	→	였	가르치 + 었 + 다	→	가르치었다	→	가르쳤다

the following pronunciation changes occur.

예: 밥을 많이 먹었습니다.	I ate a lot (of boiled rice).
어제 집에 있었습니다.	Yesterday I was at home..
김 선생님은 집에 전화를 했습니다.	Mr. Kim telephoned home.
어제 밤에 비가 왔습니다.	It rained yesterday in the night.
그 사람은 어제 미국에 갔습니다.	That person went to America yesterday.
어머니에게 편지를 썼습니다.	I wrote a letter to my mother.

3. 5 G1 -에

• This is the locative particle, which attaches to nouns indicating time or place (see 2.5 G1).

예: 몇 시에 점심을 먹습니까?	What time do you eat lunch?
아침에 만납시다.	Let's meet in the morning.
주말에 친구 집에 가겠습니다.	At the weekend I shall go to a friend's house.
여름에는 바다에서 지냈습니다.	In summer, I spent (my) time at the seaside.
밤 열한 시에 잤습니다.	I went to sleep at 11 o'clock at night.

3. 5 G2 -과 / -와

• This particle links nouns together on an equal basis (English "and"). If the noun ends in a consonant, use -과, and if the noun ends in a vowel, use -와. This particle is interchangeable with 하고 (see 2.4 G1).

예: 나는 봄과 가을을 좋아합니다.　　I like spring and fall.

동생과 누나가 다방에서　　My younger sibling and older sister are
기다립니다.　　waiting in a tabang.

토요일과 일요일에는 집에서　　On Saturday and Sunday I rest at home.
쉽니다.

책상 위에 시계와 라디오가　　There is a clock and a radio on the desk.
있습니다.

아버지와 어머니는 집에 계십니다.　Father and mother are at home.

－과 같이 / －와 같이

Usually used after nouns designating people, this expresses the meaning "together: (together) with," and is followed by a verb.

예: 김 선생과 같이 이야기를 했습니다.　I spoke with Mr. Kim.

그분은 부인과 같이 제주도에　　That person went to Cheju with his wife.
갔습니다.

누구와 같이 점심을 먹습니까?　　With whom do you eat lunch?

우리는 어머니와 같이 삽니다.　　We live with our mother.

어제 친구와 같이 영화를　　Yesterday I saw a movie with my friend.
보았습니다.

유형 연습

3. 1   D1

(보기) 선 생 : 지금 몇 시입니까? (한 시)
　　　 학 생 : 지금 한 시입니다.

1) 선 생 : 지금 몇 시입니까? (세 시 반)
   학 생 : 지금 세 시 반입니다.

2) 선 생 : 날마다 몇 시간 공부합니까? (네 시간)
   학 생 : 날마다 네 시간 공부합니다.

3) 선 생 : 몇 사람입니까? (두 사람)
   학 생 : 두 사람입니다.

4) 선 생 : 몇 개입니까? (여덟 개)
   학 생 : 여덟 개입니다.

5) 선 생 : 나이가 몇 살입니까? (스무 살)
   학 생 : 스무 살입니다.

3. 1   D2

(보기) 선 생 : 배가 고픕니다. (식당에 갑니다)
　　　 학 생 : 아! 그렇습니까? 식당에 갑시다.

1) 선 생 : 여행하고 싶습니다. (제주도에 갑니다)
   학 생 : 아! 그렇습니까? 제주도에 갑시다.

2) 선 생 : 피곤합니다. (쉽니다)
   학 생 : 아! 그렇습니까? 쉽시다.

3) 선 생 : 배가 아픕니다. (병원에 갑니다)
   학 생 : 아! 그렇습니까? 병원에 갑시다.

4) 선 생 : 한국말이 어렵습니다. (열심히 연습합니다)
   학 생 : 아! 그렇습니까? 열심히 연습합시다.

5) 선 생 : 김 선생님을 보고 싶습니다. (만납니다)
   학 생 : 아! 그렇습니까? 만납시다.

3.1 D3

   (보기) 선 생   : 음식 / 좋아합니다.
          학 생 1 : 무슨 음식을 좋아하십니까? (한식)
          학 생 2 : 한식을 좋아합니다.

1) 선 생   : 운동 / 좋아합니다.
   학 생 1 : 무슨 운동을 좋아하십니까? (야구)
   학 생 2 : 야구를 좋아합니다.

2) 선 생   : 색 / 좋아합니다.
   학 생 1 : 무슨 색을 좋아하십니까? (빨간색)
   학 생 2 : 빨간색을 좋아합니다.

3) 선 생   : 꽃 / 좋아합니다.
   학 생 1 : 무슨 꽃을 좋아하십니까? (장미꽃)
   학 생 2 : 장미꽃을 좋아합니다.

4) 선 생   : 옷 / 좋아합니다.
   학 생 1 : 무슨 옷을 좋아하십니까? (청바지)
   학 생 2 : 청바지를 좋아합니다.

5) 선 생   : 차 / 좋아합니다.
   학 생 1 : 무슨 차를 좋아하십니까? (인삼차)
   학 생 2 : 인삼차를 좋아합니다.

3.2   D1

(보기) 선 생 : 덥습니다.
       학 생 : 덥지요?

1) 선 생 : 한국말이 어렵습니다.
   학 생 : 한국말이 어렵지요?

2) 선 생 : 불고기를 좋아하십니다.
   학 생 : 불고기를 좋아하시지요?

3) 선 생 : 요즘 바쁘십니다.
   학 생 : 요즘 바쁘시지요?

4) 선 생 : 저 아이가 예쁩니다.
   학 생 : 저 아이가 예쁘지요?

5) 선 생 : 김치를 잘 잡수십니다.
   학 생 : 김치를 잘 잡수시지요?

3.2   D2

(보기) 선 생 : 덥지요? (예)
       학 생 : 예, 덥습니다.

1) 선 생 : 한국말이 어렵지요? (예)
   학 생 : 예, 한국말이 어렵습니다.

2) 선 생 : 불고기를 좋아하시지요? (예)
  학 생 : 예, 불고기를 좋아합니다.

3) 선 생 : 요즘 바쁘시지요? (예)
  학 생 : 예, 요즘 바쁩니다.

4) 선 생 : 저 아이가 예쁘지요? (예)
  학 생 : 예, 저 아이가 예쁩니다.

5) 선 생 : 김치를 잘 잡수시지요? (예)
  학 생 : 예, 김치를 잘 먹습니다.

3.2 D3

(보기) 선 생 : 물
    학 생 : 여보세요, 여기 물 좀 주십시오.

1) 선 생 : 커피
  학 생 : 여보세요, 여기 커피 좀 주십시오.

2) 선 생 : 아이스크림하고 빵
  학 생 : 여보세요, 여기 아이스크림하고 빵 좀 주십시오.

3) 선 생 : 불고기하고 냉면
  학 생 : 여보세요, 여기 불고기하고 냉면 좀 주십시오.

4) 선 생 : 맥주하고 안주
  학 생 : 여보세요, 여기 맥주하고 안주 좀 주십시오.

5) 선 생 : 종이하고 볼펜
  학 생 : 여보세요, 여기 종이하고 볼펜 좀 주십시오.

3.2   D4

(보기) 선 생 : 뭘 잡수십니까?
　　　 학 생 : 뭘 잡수시겠습니까?

1) 선 생 : 뭘 하십니까?
　 학 생 : 뭘 하시겠습니까?

2) 선 생 : 어디에 가십니까?
　 학 생 : 어디에 가시겠습니까?

3) 선 생 : 누가 읽으십니까?
　 학 생 : 누가 읽으시겠습니까?

4) 선 생 : 누구를 만나십니까?
　 학 생 : 누구를 만나시겠습니까?

5) 선 생 : 그분이 노래를 하십니까?
　 학 생 : 그분이 노래를 하시겠습니까?

3.2   D5

(보기) 선 생 : 뭘 잡수시겠습니까? (냉면)
　　　 학 생 : 냉면을 먹겠습니다.

1) 선 생 : 어디에 가시겠습니까? (시내)
　 학 생 : 시내에 가겠습니다.

2) 선 생 : 누구를 만나시겠습니까? (고향 친구)
　 학 생 : 고향 친구를 만나겠습니다.

3) 선 생 : 몇 시간 주무시겠습니까? (일곱 시간)
　 학 생 : 일곱 시간 자겠습니다.

4) 선 생 : 무슨 책을 읽으시겠습니까? (소설책)
   학 생 : 소설책을 읽겠습니다.

5) 선 생 : 노래를 하시겠습니까? (예)
   학 생 : 예, 노래를 하겠습니다.

3.3 D1

(보기) 선 생 : 불고기 맛이 어떻습니까? (맛이 있습니다)
      학 생 : 참 맛이 있습니다.

1) 선 생 : 김치 맛이 어떻습니까? (맵습니다)
   학 생 : 참 맵습니다.

2) 선 생 : 이 사과 맛이 어떻습니까? (십니다)
   학 생 : 참 십니다.

3) 선 생 : 이 과자 맛이 어떻습니까? (답니다)
   학 생 : 참 답니다.

4) 선 생 : 약 맛이 어떻습니까? (씁니다)
   학 생 : 참 씁니다.

5) 선 생 : 이 반찬 맛이 어떻습니까? (짭니다)
   학 생 : 참 짭니다.

3.3 D2

(보기) 선 생 : 김치가 맵습니까? (아니오)
      학 생 : 아니오, 맵지 않습니다.

1) 선 생 : 교실이 덥습니까? (아니오)
   학 생 : 아니오, 덥지 않습니다.

2) 선 생 : 내일도 학교에 갑니까? (아니오)
   학 생 : 아니오, 가지 않습니다.

3) 선 생 : 요즘도 바쁘십니까? (아니오)
   학 생 : 아니오, 바쁘지 않습니다.

4) 선 생 : 담배를 피우십니까? (아니오)
   학 생 : 아니오, 피우지 않습니다.

5) 선 생 : 냉면을 잡수시겠습니까? (아니오)
   학 생 : 아니오, 먹지 않겠습니다.

3.3   D3

(보기) 선 생 : 학교에 가지 않습니다.
       학 생 : 학교에 안 갑니다.

1) 선 생 : 그것은 사지 않겠습니다.
   학 생 : 그것은 안 사겠습니다.

2) 선 생 : 뉴스를 듣지 않습니다.
   학 생 : 뉴스를 안 듣습니다.

3) 선 생 : 그 사람은 말을 하지 않습니다.
   학 생 : 그 사람은 말을 안 합니다.

4) 선 생 : 저는 마늘을 먹지 않습니다.
   학 생 : 저는 마늘을 안 먹습니다.

5) 선 생 : 저는 여자 친구를 만나지 않겠습니다.
   학 생 : 저는 여자 친구를 안 만나겠습니다.

3.4 D1

(보기) 선 생　 : 불고기를 더 시킵니다.
　　　학 생 1 : 불고기를 더 시킬까요? (예)
　　　학 생 2 : 예, 불고기를 더 시키십시오.

1) 선 생　 : 그분을 만납니다.
　 학 생 1 : 그분을 만날까요? (예)
　 학 생 2 : 예, 그분을 만나십시오.

2) 선 생　 : 지금 시작합니다.
　 학 생 1 : 지금 시작할까요? (예)
　 학 생 2 : 예, 지금 시작하십시오.

3) 선 생　 : 이제 말합니다.
　 학 생 1 : 이제 말할까요? (예)
　 학 생 2 : 예, 이제 말하십시오.

4) 선 생　 : 운전합니다.
　 학 생 1 : 운전할까요? (예)
　 학 생 2 : 예, 운전하십시오.

5) 선 생　 : 노래를 부릅니다.
　 학 생 1 : 노래를 부를까요? (예)
　 학 생 2 : 예, 노래를 부르십시오.

3.4 D2

(보기) 선 생 : 불고기를 더 시킬까요? (예)
　　　학 생 : 예, 불고기를 더 시킵시다.

1) 선 생 : 이제 좀 쉴까요? (예)
   학 생 : 예, 이제 좀 쉽시다.

2) 선 생 : 오후 두 시에 만날까요? (예)
   학 생 : 예, 오후 두 시에 만납시다.

3) 선 생 : 숙제를 끝낼까요? (예)
   학 생 : 예, 숙제를 끝냅시다.

4) 선 생 : 이제 그만 할까요? (예)
   학 생 : 예, 이제 그만 합시다.

5) 선 생 : 차를 마실까요? (예)
   학 생 : 예, 차를 마십시다.

3.4 D3

(보기) 선 생 : 불고기를 많이 먹습니다.
       학 생 : 불고기를 많이 먹었습니다.

1) 선 생 : 김 선생님이 부산에 갑니다.
   학 생 : 김 선생님이 부산에 갔습니다.

2) 선 생 : 친구가 한국에 옵니다.
   학 생 : 친구가 한국에 왔습니다.

3) 선 생 : 영어를 가르칩니다.
   학 생 : 영어를 가르쳤습니다.

4) 선 생 : 편지를 받습니다.
   학 생 : 편지를 받았습니다.

5) 선 생 : 그 사람을 좋아합니다.
   학 생 : 그 사람을 좋아했습니다.

3.4 D4

(보기) 선 생 : 무엇을 잡수셨습니까? (불고기)
　　　　 학 생 : 불고기를 먹었습니다.

1) 선 생 : 어디에서 오셨습니까? (프랑스)
　 학 생 : 프랑스에서 왔습니다.

2) 선 생 : 어디에 가셨습니까? (시장)
　 학 생 : 시장에 갔습니다.

3) 선 생 : 누구를 기다리셨습니까? (아내)
　 학 생 : 아내를 기다렸습니다.

4) 선 생 : 무엇을 배우셨습니까? (컴퓨터)
　 학 생 : 컴퓨터를 배웠습니다.

5) 선 생 : 무슨 운동을 하셨습니까? (농구)
　 학 생 : 농구를 했습니다.

3.4 D5

(보기) 선 생 　 : 아침을 잡수셨습니까? (아니오)
　　　　 학 생 1 : 아니오, 먹지 않았습니다. (안)
　　　　 학 생 2 : 아니오, 안 먹었습니다.

1) 선 생 　 : 한자를 배웠습니까? (아니오)
　 학 생 1 : 아니오, 배우지 않았습니다. (안)
　 학 생 2 : 아니오, 안 배웠습니다.

2) 선 생 　 : 양복을 샀습니까? (아니오)
　 학 생 1 : 아니오, 사지 않았습니다. (안)
　 학 생 2 : 아니오, 안 샀습니다.

3) 선 생　:　빵을 만들겠습니까? (아니오)
　학 생 1 :　아니오, 만들지 않겠습니다. (안)
　학 생 2 :　아니오, 안 만들겠습니다.

4) 선 생　:　여행을 떠나겠습니까? (아니오)
　학 생 1 :　아니오, 떠나지 않겠습니다. (안)
　학 생 2 :　아니오, 안 떠나겠습니다.

5) 선 생　:　돈을 받으시겠습니까? (아니오)
　학 생 1 :　아니오, 받지 않겠습니다. (안)
　학 생 2 :　아니오, 안 받겠습니다.

3.5 D1

(보기) 선 생 :　몇 시에 점심을 잡수십니까? (두 시)
　　　 학 생 :　두 시에 점심을 먹습니다.

1) 선 생 :　몇 시에 차를 마십니까? (열한 시)
　학 생 :　열한 시에 차를 마십니다.

2) 선 생 :　몇 시에 수업이 끝납니까? (한 시)
　학 생 :　한 시에 수업이 끝납니다.

3) 선 생 :　몇 시에 약속이 있습니까? (세 시)
　학 생 :　세 시에 약속이 있습니다.

4) 선 생 :　날마다 몇 시에 주무십니까? (열 시)
　학 생 :　날마다 열 시에 잡니다.

5) 선 생 :　날마다 몇 시에 일어나십니까? (여섯 시)
　학 생 :　날마다 여섯 시에 일어납니다.

3.5 D2

(보기) 선 생 : 뭘 시켰습니까? (비빔밥 / 냉면)
　　　 학 생 : 비빔밥과 냉면을 시켰습니다.

1) 선 생 : 뭘 사셨습니까? (옷 / 구두)
　 학 생 : 옷과 구두를 샀습니다.

2) 선 생 : 뭘 잡수셨습니까? (과자 / 과일)
　 학 생 : 과자와 과일을 먹었습니다.

3) 선 생 : 주말에 어디에 가셨습니까? (시내 / 친구 집)
　 학 생 : 시내와 친구 집에 갔습니다.

4) 선 생 : 무엇을 봅니까? (영화 / 텔레비전)
　 학 생 : 영화와 텔레비전을 봅니다.

5) 선 생 : 오후에 무엇을 배웁니까? (한국춤 / 태권도)
　 학 생 : 한국춤과 태권도를 배웁니다.

3.5 D3

(보기) 선 생 : 누구와 같이 식당에 가셨습니까? (친구)
　　　 학 생 : 친구와 같이 식당에 갔습니다.

1) 선 생 : 누구와 같이 한국말을 연습합니까? (외국 학생들)
　 학 생 : 외국 학생들과 같이 한국말을 연습합니다.

2) 선 생 : 누구와 같이 시장에 갑니까? (아내)
　 학 생 : 아내와 같이 시장에 갑니다.

3) 선 생 : 누구와 같이 여행하셨습니까? (박 선생님)
　 학 생 : 박 선생님과 같이 여행했습니다.

4) 선 생 : 누구와 같이 극장에 가셨습니까? (남자 친구)
　 학 생 : 남자 친구와 같이 극장에 갔습니다.

5) 선 생 : 누구와 같이 정구를 했습니까? (애인)
　 학 생 : 애인과 같이 정구를 했습니다.

3.5 D4

(보기) 선 생 : 그 식당이 비싸지 않았습니다. (아가씨 / 친절합니다)
　　　 학 생 : 아가씨도 친절했습니다.

1) 선 생 : 음식이 맵지 않았습니다. (값 / 쌉니다)
　 학 생 : 값도 쌌습니다.

2) 선 생 : 음식 값이 비싸지 않았습니다. (맛 / 좋습니다)
　 학 생 : 맛도 좋았습니다.

3) 선 생 : 그 운동이 어렵지 않았습니다. (재미 / 있습니다)
　 학 생 : 재미도 있었습니다.

4) 선 생 : 김 선생님이 오지 않았습니다. (박 선생님 / 오지 않습니다)
　 학 생 : 박 선생님도 오지 않았습니다.

5) 선 생 : 편지를 쓰지 않았습니다. (전화 / 하지 않습니다)
　 학 생 : 전화도 하지 않았습니다.

제 4 과

이것이 얼마입니까?

1

존 슨 : 이 사과 얼마입니까?

주 인 : 이건 팔백 원입니다. 그리고 저건 천 원입니다.

존 슨 : 저 배는 얼마입니까?

주 인 : 천오백 원입니다.

존 슨 : 배 두 개하고 사과 다섯 개 주십시오.

주 인 : 감사합니다. 또 오십시오.

사과	apple	얼마	how much	원	won
배	pear	그리고	and, also	개	counting unit
감사하다	to thank				

2

죤 슨 : 공책이 있습니까?

주 인 : 예, 있습니다. 몇 권 드릴까요?

죤 슨 : 한 권 주십시오.

주 인 : 여기 있습니다.

죤 슨 : 생일 카드 좀 보여주십시오.

주 인 : 예, 이리 오십시오.

공책	notebook	권	unit of counting books	생일	birthday
보이다	to show	이리	this way, here		

3

주 인 : 뭘 찾으십니까?

죤 슨 : 그림 좀 보여 주십시오.

주 인 : 예, 구경하십시오.

죤 슨 : 동양화를 사고 싶습니다.

주 인 : 이 그림은 어떻습니까?

죤 슨 : 그건 좀 큽니다.

찾다	to look for	그림	picture *Painting*	구경하다	to see
동양화	oriental painting	사다	to buy	크다	to be big

④

존 슨 : 어제 시장에서 무엇을 사셨습니까?

미 선 : 수건하고 비누를 샀습니다.

존 슨 : 물건값이 비쌌습니까?

미 선 : 아니오, 비싸지 않았습니다.

존 슨 : 어느 시장에 갔습니까?

미 선 : 남대문시장에 갔습니다.

| 어제 | yesterday | 시장 | market | 수건 | towel |
| 비누 | soap | 물건 | thing | 어느 | which |

⑤

오늘은 일요일입니다.

나는 점심을 먹고 남대문 시장에 갔습니다.

시장에서 여기저기를 구경했습니다.

나는 옷가게에 들어갔습니다.

| 일요일 | Sunday | 여기저기 | here and there | 옷 | clothes |
| 가게 | shop | 들어가다 | to enter | | |

거기에는 아이들 옷이 많았습니다.

나는 바지를 하나 샀습니다.

아이들   children   바지   pants

Lesson 4

How much does this cost?

1

Mr. Johnson :   How much are the apples?

Shopkeeper :   This one is 800 won and that one is 1000 won.

Mr. Johnson :   How much are the pears?

Shopkeeper :   They're 1500 won.

Mr. Johnson :   Please give me 2 pears and 5 of these apples.

Shopkeeper :   Thank you. Come again.

2

Mr. Johnson :   Do you have any notebooks?

Shopkeeper :   Yes, we do. How many do you want?

Mr. Johnson :   One, please.

Shopkeeper :   Here it is.

Mr. Johnson :   Do you have any birthday cards?

Shopkeeper :   Yes, follow me.

3

Shopkeeper :   May I help you?

Mr. Johnson :   Show me some paintings, please.

Shopkeeper :   Just look around.

Mr. Johnson :   I'd like to buy some Oriental paintings.

Shopkeeper :   How about this one?

Mr. Johnson :   That's a little big.

4

Ms. Kim   :   What did you buy at the market yesterday?

Mr. Johnson :   I bought a towel and a bar of soap.

Ms. Kim   :   Were they expensive?

Mr. Johnson :   No, they weren't.

Ms. Kim   :   Which market did you go to?

Mr. Johnson :   I went to Namdaemoon market.

5

Today is Sunday.

I went to Namdaemun market after lunch.

I looked around here and there in the market.

I went into a clothes store.

There were many children's clothes.

I bought a pair of pants.

문 법

4. 1 G1 **Sino-Korean Numerals**

• There are two sets of numerals in Korean: pure Korean and Sino-Korean (i.e. Chinese) (see 3.1 G1).

1	일	10	십
2	이	20	이십
3	삼	30	삼십
4	사	⋮	⋮
5	오	100	백
6	육	1,000	천
7	칠	10,000	만
8	팔	100,000	십만
9	구	1,000,000	백만
10	십	10,000,000	천만
11	십일	100,000,000	억
12	십이		
⋮	⋮		

• Sino-Korean numerals are used to count years, months, days, minutes, the Korean currency (won), etc.

예: 천구백구십오년 팔월   It is August 24, 1995.
이십사 일입니다.

한 시 십오 분에 만납시다.	Let's meet at 1:15
천삼백오십 원입니다.	It's 1,350 won
이십육 페이지를 보십시오	Please look at page 26.
고기 삼백 그램 주십시오.	Please give me 300 grams of meat.

4.2 G1 -아 주다 / -어 주다 / -여 주다.

• This is an auxiliary verb which attaches to the verbal base to express the meaning of performing a service or a favor for the object. When the verb stem ends 아 or 오, use -아 주다, when the verb stem ends in 어, 우, 으, or 이, use -어 주다. If the verb stem is 하-, use -여 주다.

예: 좀 도와 주십시오.	Please help me.
종이에 싸 주십시오.	Please wrap it in paper.
생일 카드 좀 보여 주십시오.	Please show me the birthday card.
전화번호를 가르쳐 주십시오.	Please let me know the telephone number.
쉽게 설명해 주십시오.	Please explain it to me simply.

4.3 G1 Verbs

• Verbs come at the end of a Korean sentence and say something about the subject. Korean verbs can be divided broadly into three types: action verbs, quality verbs (adjectives) and the copula -이다 (see 1.2 G2).

• By adding -다 to the verb stem you get the basic form or citation form, and this is the form by which verbs are listed in Korean dictionaries.

• Action verbs express the actions of things.

예: 오다   to come

마시다	to drink
기다리다	to wait
앉다	to sit
찾다	to look for; to find

• Quality verbs are verbs which express the quality or state of the subject. Unlike action verbs, quality verbs do not have imperative or suggestion forms.

예: 싸다	to be cheap
좋다	to be good
많다	to be much
작다	to be small
예쁘다	to be pretty

4.4 G1 -에서

• This locative particle comes after place nouns and is used with action verbs.

예: 저는 한국에서 삽니다.	I live in Korea.
길에서 친구를 만났습니다.	I met a friend on the street.
백화점에서 선물을 사겠습니다.	I shall buy a present in the dept. store.
집에서 음악을 듣습니다.	I listen to music at home.
도서관에서 책을 봅니다.	I read books in the library.

• When used with motion verbs like "come" or "go", -에서 has the meaning "from; away from a location."

예: 어디에서 오셨습니까?	Where did you come from?
캐나다에서 왔습니다.	I am from Canada. (I have come from Canada.)

| 몇 시에 집에서 떠나겠습니까? | What time will you leave (depart from) home? |

4. 5 G1 -고

• This conjunctive ending attaches to a verb stem to join two sentences together on an equal basis. This ending is also used when enumerating two or more facts, or when two or more events occur in sequence.

예: 이건 삼백 원이고, 저건 사백 원 입니다.	This one is 300 won, and that one is 400 won.
나는 피아노를 치고, 동생은 노래를 부릅니다.	I play the piano, and my younger sibling sings a song
이 물건은 싸고 좋습니다.	This item is cheap and good.
전화를 하고 가십시오.	Make the call and then go.
그 아이가 김치를 먹고 울었어요.	That child ate the *kimchi*, and then cried (after eating the *kimchi*, the child cried).

4. 5 G2 **Personal Pronouns**

• The Korean personal pronoun is shown in the chart below.

Person	Speech level	High	Regular	Low (Humble)
1st p.	sing.		나	저
	pl.		우리 (들)	저희 (들)
2nd p.	sing.	선생님	당신, 자네	너
	pl.			너희 (들)
3rd p.	sing.	이 (그, 저) 분	이 (그, 저) 이, 누구, 아무, 자기	이 (그, 저) 사람
	pl.		저희 (들)	

• Pronoun usage (i.e. speech level) differs according to the relationship between speaker and hearer, and between these and third persons.

First Person

나 : Basic first-person form

저 : 저 is used to lower or humble oneself when the hearer occupies a social ranking higher than the speaker.

우리: First-person plural. Koreans often use 우리 rather then 저 or 나.

예: 우리 어머니   my mother / our mother

   우리 학교   my / our school

   우리나라   my country / our country

Second Person

너 : 너 is used for friends or persons below the speaker. This pronoun occupies the same level as 나, but in many cases sounds lower than 나(i.e. don't use it to just anybody).

선생님 : Besides its literal meaning of "teacher," this word can also be used as a second-person pronoun which exalts the hearer.

당신 : This word is used mostly between husband and wife.

자네 : This pronoun is used either between friends of middle or advanced age, or towards a lower or younger person who is already an adult.

Most often, when the hearer is lower or younger, Koreans simply do not use pronouns at all.

Third Person

• For the third-person pronouns, Koreans use the deictic pronouns 이, 그 and 저 followed by 분, 이, 사람, etc.

누구, 아무 : These pronouns change in meaning depending on the type of sentence.

예: 누가 방에 있습니다.   Somebody is in the room

　　누가 있습니까?   Who is there?

　　아무도 없습니다.   Nobody is here.

　　아무나 오십시오   Please come, any of you.

자기 ： When the subject is third person and needs to be repeated, this pronoun is used
to avoid redundancy.

예: 그 사람은 자기 일은 자기가   He does his own work by himself.

　　한다.   (He takes care of his own affairs.)

　　그 여자는 자기 남편 이야기만   That woman only talks about her (self's)

　　합니다.   husband.

• When 나, 너 and 저 combine with the subject marker -이/-가 their form changes (see
1.2 G1).

Furthermore, when these pronouns combine with the possessive case particle -의, they
undergo the following changes:

나의 → 내   내 가방   my briefcase

저의 → 제   제 연필   my pencil

너의 → 네   네 책   your book

유형 연습

4.1 D1

(보기) 선 생 : 이 사과
　　　　학 생1 : 이 사과 얼마에요? (한 개 / 300원)
　　　　학 생2: 이 사과 한 개에 300원입니다.

1) 선 생 : 이 공책
　　학 생1 : 이 공책 얼마에요? (한 권 / 200원)
　　학 생2 : 이 공책 한 권에 200원입니다.

2) 선 생 : 커피
　　학 생1 : 커피 얼마에요? (한 잔 / 1,000원)
　　학 생2 : 커피 한 잔에 1,000원입니다.

3) 선 생 : 이 생선
　　학 생1 : 이 생선 얼마에요? (한 마리 / 3,000원)
　　학 생2: 이 생선 한 마리에 3,000원입니다.

4) 선 생 : 맥주
　　학 생1 : 맥주 얼마에요? (한 병 / 700원)
　　학 생2 : 맥주 한 병에 700원입니다.

5) 선 생 : 고기
　　학 생1 : 고기 얼마에요? (한 근 / 8,000원)
　　학 생2 : 고기 한 근에 8,000원입니다.

4.1 D2

(보기) 선 생 : 지금 몇 시입니까? (10시 30분)
　　　　학 생 : 10시 30분입니다.

1) 선 생 : 오늘이 며칠입니까? (12월 11일)
　 학 생 : 12월 11일입니다.

2) 선 생 : 언제 한국에 오셨습니까? (지난 6월 6일)
　 학 생 : 지난 6월 6일에 왔습니다.

3) 선 생 : 생일이 언제입니까? (10월 10일)
　 학 생 : 10월 10일입니다.

4) 선 생 : 몇 페이지를 읽으십니까? (111페이지)
　 학 생 : 111페이지를 읽습니다.

5) 선 생 : 고기 몇 그램을 사시겠습니까? (1,200그램)
　 학 생 : 1,200 그램을 사겠습니다.

4.1 D3

(보기) 선 생 : 이게 무엇입니까? (수박 / 참외)
　　　　학 생 : 이건 수박입니다. 그리고 저건 참외입니다.

1) 선 생 : 이게 무슨 음식입니까? (떡 / 국수)
　 학 생 : 이건 떡입니다. 그리고 저건 국수입니다.

2) 선 생 : 이게 무엇입니까? (가야금 / 피리)
　 학 생 : 이건 가야금입니다. 그리고 저건 피리입니다.

3) 선 생 : 여기가 어디입니까? (연세대학교 / 이화여자대학교)
　 학 생 : 여긴 연세대학교입니다. 그리고 저긴 이화여자대학교입니다.

4) 선 생 : 이분이 누구입니까? (장 선생님 / 정 선생님)
   학 생 : 이분은 장 선생님입니다. 그리고 저분은 정 선생님입니다.

5) 선 생 : 이게 무슨 건물입니까? (기숙사 / 세브란스병원)
   학 생 : 이건 기숙사입니다. 그리고 저건 세브란스병원입니다.

4.1 D4

(보기) 선 생 : 배 두 개 / 사과 다섯 개
       학 생 : 배 두 개하고 사과 다섯 개 주십시오.

1) 선 생 : 맥주 세 병 / 안주 한 접시
   학 생 : 맥주 세 병하고 안주 한 접시 주십시오.

2) 선 생 : 커피 다섯 잔 / 우유 두 잔
   학 생 : 커피 다섯 잔하고 우유 두 잔 주십시오.

3) 선 생 : 편지지 한 권 / 봉투 석 장
   학 생 : 편지지 한 권하고 봉투 석 장 주십시오.

4) 선 생 : 공책 두 권 / 볼펜 한 자루
   학 생 : 공책 두 권하고 볼펜 한 자루 주십시오.

5) 선 생 : 닭 한 마리 / 쇠고기 한 근
   학 생 : 닭 한 마리하고 쇠고기 한 근 주십시오.

4.2   D1

(보기) 선 생 : 공책이 있습니까? (몇 권)

　　　　학 생1 : 예, 있습니다. 몇 권 드릴까요? (한 권)

　　　　학 생2 : 한 권 주십시오.

1) 선 생 : 맥주가 있습니까? (몇 병)

　　학 생1 : 예, 있습니다. 몇 병 드릴까요? (세 병)

　　학 생2 : 세 병 주십시오.

2) 선 생 : 우표가 있습니까? (몇 장)

　　학 생1 : 예, 있습니다. 몇 장 드릴까요? (넉 장)

　　학 생2 : 넉 장 주십시오.

3) 선 생 : 양말이 있습니까? (몇 켤레)

　　학 생1 : 예, 있습니다. 몇 켤레 드릴까요? (네 켤레)

　　학 생2 : 네 켤레 주십시오.

4) 선 생 : 쇠고기가 있습니까? (몇 근)

　　학 생1 : 예, 있습니다. 몇 근 드릴까요? (한 근)

　　학 생2 : 한 근 주십시오.

5) 선 생 : 닭이 있습니까? (몇 마리)

　　학 생1 : 예, 있습니다. 몇 마리 드릴까요? (두 마리)

　　학 생2 : 두 마리 주십시오.

4.2   D2

(보기) 선 생 : 책을 보입니다.

　　　　학 생 : 책을 좀 보여 주십시오.

1) 선 생 : 이것을 가르칩니다.

　　학 생 : 이것을 좀 가르쳐 주십시오.

2) 선 생 : 잠깐 기다립니다.
　학 생 : 잠깐 좀 기다려 주십시오.

3) 선 생 : 이름을 씁니다.
　학 생 : 이름을 좀 써 주십시오.

4) 선 생 : 돕습니다.
　학 생 : 좀 도와 주십시오.

5) 선 생 : 그것을 설명합니다.
　학 생 : 그것을 좀 설명해 주십시오.

4.2 D3

(보기) 선 생 : 책을 좀 보여 주십시오. (예)
　　　학 생 : 예, 보여 드리겠습니다.

1) 선 생 : 한국 풍습을 좀 가르쳐 주십시오. (예)
　학 생 : 예, 가르쳐 드리겠습니다.

2) 선 생 : 잠깐 빌려 주십시오. (예)
　학 생 : 예, 빌려 드리겠습니다.

3) 선 생 : 선생님 성함을 좀 써 주십시오. (예)
　학 생 : 예, 써 드리겠습니다.

4) 선 생 : 좀 도와 주십시오. (예)
　학 생 : 예, 도와 드리겠습니다.

5) 선 생 : 이 문법을 좀 설명해 주십시오. (예)
　학 생 : 예, 설명해 드리겠습니다.

4.3   D1

(보기) 선 생 : 뭘 찾으십니까? (그림)
　　　 학 생 : 그림을 찾습니다.

1) 선 생 : 어디를 찾으십니까? (동대문시장)
　 학 생 : 동대문시장을 찾습니다.

2) 선 생 : 몇 번지를 찾으십니까? (신촌동 134번지)
　 학 생 : 신촌동 134번지를 찾습니다.

3) 선 생 : 누구를 찾으십니까? (고향 친구)
　 학 생 : 고향 친구를 찾습니다.

4) 선 생 : 무슨 책을 찾으십니까? (한국 역사책)
　 학 생 : 한국 역사책을 찾습니다.

5) 선 생 : 무슨 옷을 찾으십니까? (한복)
　 학 생 : 한복을 찾습니다.

4.3   D2

(보기) 선 생 : 기념품을 사고 싶습니다. (이 그림)
　　　 학 생1 : 이 그림은 어떻습니까? (좀 큽니다)
　　　 학 생2 : 좀 큽니다.

1) 선 생 : 음악을 듣고 싶습니다. (이 곡)
　 학 생1 : 이 곡은 어떻습니까? (좀 시끄럽습니다)
　 학 생2 : 좀 시끄럽습니다.

2) 선 생 : 바다에 가고 싶습니다. (부산)
　 학 생1 : 부산은 어떻습니까? (사람이 너무 많습니다)
　 학 생2 : 사람이 너무 많습니다.

3) 선 생 : 등산하고 싶습니다. (남산)
   학 생1 : 남산은 어떻습니까? (너무 낮습니다)
   학 생2 : 너무 낮습니다.

4) 선 생 : 친구와 같이 놀고 싶습니다. (오늘 저녁)
   학 생1 : 오늘 저녁은 어떻습니까? (시험이 있습니다)
   학 생2 : 시험이 있습니다.

5) 선 생 : 사진을 찍고 싶습니다. (여긴)
   학 생1 : 여긴 어떻습니까? (너무 복잡합니다)
   학 생2 : 너무 복잡합니다.

4.3 D3

(보기) 선 생 : 뭘 찾으십니까? (기념품)
     학 생 : 기념품을 찾습니다.

1) 선 생 : 뭘 잡수십니까? (밥)
   학 생 : 밥을 먹습니다.

2) 선 생 : 뭘 마십니까? (우유)
   학 생 : 우유를 마십니다.

3) 선 생 : 누구를 기다리십니까? (친구)
   학 생 : 친구를 기다립니다.

4) 선 생 : 뭘 쓰십니까? (한자)
   학 생 : 한자를 씁니다 .

5) 선 생 : 주말에 뭘 하고 싶습니까? (시내를 구경하다)
   학 생 : 주말에 시내를 구경하고 싶습니다.

4.3   D4

(보기) 선 생 :   그림이 어떻습니까? (좋습니다)
　　　 학 생 :   그림이 좋습니다.

1) 선 생 :   물건값이 어떻습니까? (쌉니다)
　 학 생 :   물건값이 쌉니다.

2) 선 생 :   남대문시장이 어떻습니까? (복잡합니다)
　 학 생 :   남대문시장이 복잡합니다.

3) 선 생 :   시험이 어떻습니까? (쉽습니다)
　 학 생 :   시험이 쉽습니다.

4) 선 생 :   그 아가씨가 어떻습니까? (친절합니다)
　 학 생 :   그 아가씨가 친절합니다.

5) 선 생 :   저 집이 어떻습니까? (멋있습니다)
　 학 생 :   저 집이 멋있습니다.

4.4   D1

(보기) 선 생   :   시장 / 무엇을 사셨습니까?
　　　 학 생1 :   시장에서 무엇을 사셨습니까? (수건 / 비누)
　　　 학 생2 :   수건하고 비누를 샀습니다.

1) 선 생   :   학교 / 무엇을 배우셨습니까?
　 학 생1 :   학교에서 무엇을 배우셨습니까? (말하기 / 읽기)
　 학 생2 :   말하기하고 읽기를 배웠습니다.

2) 선 생   :   식당 / 무엇을 잡수셨습니까?
　 학 생1 :   식당에서 무엇을 잡수셨습니까? (비빔밥 / 국)
　 학 생2 :   비빔밥하고 국을 먹었습니다.

3) 선 생 : 미국 / 무엇을 공부하셨습니까?
　 학 생1 : 미국에서 무엇을 공부하셨습니까? (영어 / 컴퓨터)
　 학 생2 : 영어하고 컴퓨터를 공부했습니다.

4) 선 생 : 시내 / 어디를 구경하셨습니까?
　 학 생1 : 시내에서 어디를 구경하셨습니까? (백화점 / 동대문시장)
　 학 생2 : 백화점하고 동대문시장을 구경했습니다.

5) 선 생 : 거기 / 누구를 만나셨습니까?
　 학 생1 : 거기에서 누구를 만나셨습니까? (어머니 / 누나)
　 학 생2 : 어머니하고 누나를 만났습니다.

4.4 D2

(보기) 선 생 : 도서관에 가십니까? (예 / 공부를 하겠습니다)
　　　 학 생 : 예, 도서관에서 공부를 하겠습니다.

1) 선 생 : 식당에 가십니까? (예 / 점심을 먹겠습니다)
　 학 생 : 예, 식당에서 점심을 먹겠습니다.

2) 선 생 : 집에 가십니까? (예 / 숙제를 하겠습니다)
　 학 생 : 예, 집에서 숙제를 하겠습니다.

3) 선 생 : 선생님 댁에 가시겠습니까? (예 / 저녁을 먹겠습니다)
　 학 생 : 예, 선생님 댁에서 저녁을 먹겠습니다.

4) 선 생 : 여기에 오시겠습니까? (예 / 공부를 하겠습니다)
　 학 생 : 예, 여기에서 공부를 하겠습니다.

5) 선 생 : 제주도에 가십니까? (예 / 구경을 하겠습니다)
　 학 생 : 예, 제주도에서 구경을 하겠습니다.

4.4   D3

(보기) 선 생 : 물건값이 비쌌습니다. (어느 시장 / 가셨습니까?)
　　　　학 생 : 어느 시장에 가셨습니까?

1) 선 생 : 음식이 맛이 있었습니다. (어느 식당 / 가셨습니까?)
　　학 생 : 어느 식당에 가셨습니까?

2) 선 생 : 이 옷이 참 예쁘지요? (어느 백화점 / 사셨습니까?)
　　학 생 : 어느 백화점에서 사셨습니까?

3) 선 생 : 한국말을 참 잘 하십니다. (어느 학교 / 배우셨습니까?)
　　학 생 : 어느 학교에서 배우셨습니까?

4) 선 생 : 저분은 외국 사람입니다. (어느 나라 / 오셨습니까?)
　　학 생 : 어느 나라에서 오셨습니까?

5) 선 생 : 이것이 숙제 공책입니다. (어느 것 / 제 공책입니까?)
　　학 생 : 어느 것이 제 공책입니까?

4.4   D4

(보기) 선 생 : 어느 시장에 갔습니까? (신촌시장)
　　　　학 생 : 신촌시장에 갔습니다.

1) 선 생 : 어느 백화점에서 샀습니까? (현대백화점)
　　학 생 : 현대백화점에서 샀습니다.

2) 선 생 : 어느 학교에 다니십니까? (연세대학교)
　　학 생 : 연세대학교에 다닙니다.

3) 선 생 : 어느 것이 좋습니까? (저것)
　　학 생 : 저것이 좋습니다.

4) 선 생 : 어느 옷이 좋습니까? (이 옷)
   학 생 : 이 옷이 좋습니다.

5) 선 생 : 어느 분이 이 선생님입니까? (그분)
   학 생 : 그분이 이 선생님입니다.

4.5 D1

(보기) 선 생 : 오늘
       학 생1 : 오늘은 무슨 요일입니까? (일요일)
       학 생2 : 오늘은 일요일입니다.

1) 선 생 : 어제
   학 생1 : 어제는 무슨 요일이었습니까? (토요일)
   학 생2 : 어제는 토요일이었습니다.

2) 선 생 : 그저께
   학 생1 : 그저께는 무슨 요일이었습니까? (금요일)
   학 생2 : 그저께는 금요일이었습니다.

3) 선 생 : 내일
   학 생1 : 내일은 무슨 요일입니까? (월요일)
   학 생2 : 내일은 월요일입니다.

4) 선 생 : 모레
   학 생1 : 모레는 무슨 요일입니까? (화요일)
   학 생2 : 모레는 화요일입니다.

5) 선 생 : 글피
   학 생1 : 글피는 무슨 요일입니까? (수요일)
   학 생2 : 글피는 수요일입니다.

4.5　D2

(보기) 선 생 :　점심을 먹었습니다 / 그리고 시장에 갔습니다.
　　　　학 생 :　점심을 먹고 시장에 갔습니다.

1) 선 생 :　날마다 수업을 끝냅니다 / 그리고 점심을 먹습니다.
　　학 생 :　날마다 수업을 끝내고 점심을 먹습니다.

2) 선 생 :　먼저 숙제를 하십시오 / 그리고 텔레비전을 보십시오.
　　학 생 :　먼저 숙제를 하고 텔레비전을 보십시오.

3) 선 생 :　연락합시다 / 그리고 갑시다.
　　학 생 :　연락하고 갑시다.

4) 선 생 :　이 물건은 쌉니다 / 그리고 좋습니다.
　　학 생 :　이 물건은 싸고 좋습니다.

5) 선 생 :　이분은 선생님입니다 / 그리고 저분은 학생입니다.
　　학 생 :　이분은 선생님이고 저분은 학생입니다.

4.5　D3

(보기) 선 생 :　학생입니까? (예 / 저는)
　　　　학 생 :　예, 저는 학생입니다.

1) 선 생 :　선생님은 교수님입니까? (예 / 나는)
　　학 생 :　예, 나는 교수입니다.

2) 선 생 :　그 사람이 사장입니까? (예 / 그분이)
　　학 생 :　예, 그분이 사장님입니다.

3) 선 생 :　여러분은 한국말을 공부합니까? (예 / 저희들은)
　　학 생 :　예, 저희들은 한국말을 공부합니다.

4) 선 생 : 여러분이 교실에서 노래를 했습니까? (예 / 우리들이)
   학 생 : 예, 우리들이 교실에서 노래를 했습니다.

5) 선 생 : 선생님 나라는 춥습니까? (아니오 / 우리나라는)
   학 생 : 아니오, 우리나라는 춥지 않습니다.

4.5 D4

(보기) 선 생 : 옷가게에 들어갔습니다. (거기 / 옷)
       학 생 : 거기에는 옷이 많았습니다.

1) 선 생 : 남대문시장에 갔습니다. (시장 / 물건)
   학 생 : 시장에는 물건이 많았습니다.

2) 선 생 : 이화여자대학교 근처에 갔습니다. (거기 / 여학생)
   학 생 : 거기에는 여학생이 많았습니다.

3) 선 생 : 책방에 갔습니다. (책방 / 손님)
   학 생 : 책방에는 손님이 많았습니다.

4) 선 생 : 산에 올라갔습니다. (산 / 꽃)
   학 생 : 산에는 꽃이 많았습니다.

5) 선 생 : 야구장에 갔습니다. (거기 / 사람들)
   학 생 : 거기에는 사람들이 많았습니다.

제 5 과

여기 세워 주십시오.

1

죤슨 씨는 택시를 타고 김 박사님을 만나러 병원으로 간다.

운전기사 : 어디로 갈까요?

죤   슨 : 세브란스병원으로 갑시다.

운전기사 : 병원 안으로 들어갑니까?

죤   슨 : 예, 들어가십시오.

운전기사 : 똑바로 갑니까?

죤   슨 : 아니오, 여기 세워 주십시오.

병원	hospital	안	in (inside)	똑바로	straight
세우다	to stop				

2

죤슨 씨는 병원에서 나와서 친구 집에 가려고 버스 정류장으로
갔다.

죤　슨 :　실례지만, 이 버스 종로로 갑니까?

아주머니 :　아니오, 안 갑니다.

죤　슨 :　그럼 몇 번 버스가 갑니까?.

아주머니 :　오(5)번 버스를 타십시오.

죤　슨 :　종로까지 얼마나 걸립니까?

아주머니 :　삼십 분쯤 걸립니다.

실례	excuse	번	number	타다	to ride, to get on
얼마나	how long	걸리다	to take	분	minute
쯤	about				

3

버스 안에서

할머니 :　가방 여기 놓으십시오.

| 가방 | bag | 놓다 | to put on |

죤 슨 : 괜찮습니다.

할머니 : 어디까지 가십니까?

죤 슨 : 종로까지 갑니다.

할머니 : 종로는 다음 정류장입니다.

　　　　사람이 많으니까 문쪽으로 가십시오.

죤 슨 : 내립니다. 좀 비켜 주십시오.

다음	next	정류장	bus stop	문	door
쪽	side	내리다	to get off	비키다	to move aside

4

죤슨은 친구 집에 꽃을 사 가려고 한다.

죤 슨 : 실례합니다. 길 좀 묻겠습니다.

학 생 : 어딜 찾으십니까?　　　　*short for* 어딜 어디를

죤 슨 : 이 근처에 꽃집이 있습니까?

학 생 : 길 건너에 있습니다.

길	direction, road, way	묻다	to ask	근처	near
꽃집	flower shop	길	street	건너	across

존 슨 : 건널목이 어디에 있습니까?

학 생 : 왼쪽으로 가서 지하도로 건너십시오.

건널목	crosswalk	왼쪽	left side	지하도	under pass
건너다	to cross				

5

오늘은 집에서 늦게 나왔습니다.

여덟 8시 반에 나왔습니다.

교통이 복잡했습니다.

오늘은 버스를 타지 않고 지하철을 탔습니다.

지하철은 아주 빨랐습니다.

집에서 학교까지 십오 분 걸렸습니다.

늦게	late	반	half	교통	traffic
복잡하다	to be complicate	지하철	subway	아주	very
빠르다	to be fast				

Lesson 5

Please let me off here.

1

Mr. Johnson is going to the hospital by taxi to meet Dr. Kim.

Driver	:	Where would you like to go?
Mr. Johnson	:	Severance Hospital, please.
Driver	:	Do you want to go into the hospital?
Mr. Johnson	:	Yes, please.
Driver	:	Should I go straight?
Mr. Johnson	:	No, let me off here, please.

2

Mr. Johnson came out of the hospital, and went to a bus stop in order to go to a friend's house.

Mr. Johnson	:	Excuse me. Is this bus going to Chongno?
Woman	:	No, it isn't.
Mr. Johnson	:	Then, which one goes to Chongno?
Woman	:	You should take No. 5.
Mr. Johnson	:	How long does it take?
Woman	:	About 30 minutes.

3

In the bus.

Old woman : Can I hold your bag?

Mr. Johnson : It's O.K.

Old woman : How far on this bus are you going?

Mr. Johnson : I'm going to Chongno.

Old woman : That's the next bus stop. There are so many people, you'd better move up to the exit.

Mr. Johnson : I'm getting off. Please move aside a little.

4

Mr. Johnson is going to take some flowers to his friend's house.

Mr. Johnson : Excuse me. May I ask directions?

Student   : What are you looking for?

Mr. Johnson : Are there any flower shops nearby?

Student   : There's one across the street.

Mr. Johnson : Where is there a crosswalk?

Student   : Go to the left and cross in the underpass.

5

I left my house late today.

i left at 8:30.

The traffic was heavy.

Today, I didn't take the bus, but I took the subway.

The subway was quite fast.

It took about 15 minutes from my house to school.

문 법

5. 1 G1 – (으)로

• This adverbial case particle attaches to nouns to indicate a choice, and shows direction, means, status, cause, etc. If the noun ends in a vowel or ㄹ, use – 로: if the noun ends in some other consonant, use – 으로.

예: 어디로 가십니까?	Where are you going?
사무실로 갑니다.	I'm going to the office.
버스로 왔습니다.	I came by bus.
젓가락으로 먹습니다.	I eat with chopsticks.
한국말로 말하십시오.	Please speak in Korea.
이 밀가루로 빵을 만들어 주십시오.	Please make some bread with this wheat flour.

5. 2 G1 – 까지

• This auxiliary particle attaches to nouns to indicate an arrival point in either space or time (English "until, up to: as far as").

예: 몇 시까지 일하십니까?	Until what time do you work?
내일까지 기다려 주십시오.	Please wait until tomorrow.
종로까지 같이 갑시다.	Let's go together as far as Chongno.
여기까지 읽으십시오.	Please read as far as here.

• This particle can follow other particles or adverbs in order to strengthen their meaning

(English "even").

예: 친구가 집에까지 왔습니다.   My friend came as far as (to) my house.

나에게까지 그 말을 했습니다.   He went to so far as to say that to me.

방에서까지 공을 칩니다.   They play ball even in their room.

어제는 늦게까지 책을 읽었어요.   Yesterday I read a book until late.

5. 2 G2   -쯤

• This attaches to nouns expressing time or numerals to express an uncertain or approximate amount or extent.

예: 지금 몇 시쯤 되었습니까?.   About what time is it (has it become) now?

오후 1시쯤 만납시다.   Let's meet around 1 p.m.

언제쯤 떠나십니까?   About when do you depart?

학생이 400명쯤 왔어요.   Around 400 students came.

사과를 몇 개쯤 살까요?   About how many apples should I buy?

5. 3 G1   -(으)니까

• This conjunctive verb ending attaches to a verb base to express that the preceding clause is either the cause or the temporal prerequisite for the following clause.

When used to express cause (English "since: as: because"), it is quite common for the following clause to end in an imperative or suggestion form.

예: 값이 싸니까 사람들이 많이   Since the price is cheap, people are
삽니다.   buying many (of them).

오늘은 바쁘니까 내일 만날까요?	I'm busy today, so shall we meet tomorrow?
지금 비가 오니까 나가지 맙시다.	It's raining now, so let's not go out.

• When this ending is used to express a temporal prerequisite, the subject of the preceding clause is usually the speaker, i.e. first person.

예: 서울역에 가니까 사람이 많았습니다.	When I went to Seoul Station, (I found that) many people were there.
사무실에 전화하니까 그 친구가 없었습니다.	When I called the office, (I found that) that friend wasn't there.
교실에 들어가니까 학생들이 있었습니다.	When I entered the classroom, (I found that) the students were there.

5.4 G1 – 아서 / 어서 / 여서

• This is a conjunctive ending which attaches to the stem of action verbs. It indicates that the action expressed in the first clause arose first before being followed by the action of the second clause, and in such a case the relationship between the actions of the two clauses is a very close one.

예: 집에 가서 점심을 먹습니다.	I go home and eat lunch.
편지를 써서 부치겠습니다.	I'll write a letter and then mail it.
그분을 만나서 이야기했어요.	I met with him and discussed (the matter).
책을 사서 읽읍시다.	Let's buy a book and read it.
아침에 일어나서 운동을 하십니까?	Do you do exercise in the mornings after waking up?

5.5 G1 -에서 -까지

• These particles attach to nouns denoting time or place in order to express the starting point and finishing point.

예: 여기(에)서 종로까지 걸어갑니다.   I walk from here to Chongno.

서울(에)서 부산까지 기차로   From Seoul to Pusan it takes 5 hours
5시간 걸립니다.   by train.

12시에서 1시까지 점심시간입니다.   Lunch time is from 12 until 1 o'clock.

• -부터 -까지 can be used in the same meaning as -에서 -까지. In general, the pattern -에서 -까지 is used for place, and the pattern -부터 -까지 for time.

예: 9시부터 1시까지 수업을 합니다. We have class from 9 until 1 o'clock.

언제부터 아프셨습니까?   Since when have you been ill ("hurting")?

저녁 5시까지 일합니다.   I work until 5 in the evening.

5.5 G2 Verbal Conjugation

• Korean verbs consist of a constant, unchanging verbs stem and changeable verb endings. The verb stem expresses the basic meaning of the verb, while the endings express the grammatical function of the verb in the sentence as well as other intersentential relations.

Verb	Verb Stem	Ending	Ending Function
갑니다	가	ㅂ니다	
갑니까	가	ㅂ니까	final ending
먹어요	먹	어요	
좋지만	좋	지만	
크니까	크	니까	conjunctive ending
놀아서	놀	아서	
공부하기	공부하	기	nominal ending
자는	자	는	modifier ending

• As mentioned above, most verbs are conjugated according to certain regular patterns. But there are also some verbs with irregular conjugation patterns.

5.5 G3 르 Verbs

• When a verb stem ending in 르 takes an ending beginning with 아 or 어, the 으 of 르 drops, the ㄹ drops below to the preceding syllable, and an ㄹ is added to the 아 or 어 to give 라 or 러.

예: 빠르다.
　　빠르 ＋ 었습니다 → 빨랐습니다
　　부르다
　　부르 ＋ 었습니다 → 불렀습니다
　　이르다
　　이르 ＋ 어서 → 일러서

유형 연습

5. 1   D1

(보기) 선 생 : 세브란스병원 / 갑시다.
      학 생 : 세브란스병원으로 갑시다.

1) 선 생 : 어느 쪽 / 가십니까?
   학 생 : 어느 쪽으로 가십니까?

2) 선 생 : 대구 / 갔습니다.
   학 생 : 대구로 갔습니다.

3) 선 생 : 연필 / 씁니다.
   학 생 : 연필로 씁니다.

4) 선 생 : 한국말 / 말하고 싶습니다.
   학 생 : 한국말로 말하고 싶습니다.

5) 선 생 : 젓가락 / 먹습니다.
   학 생 : 젓가락으로 먹습니다.

5. 1   D2

(보기) 선 생 : 어느 쪽으로 갈까요? (동쪽)
      학 생 : 동쪽으로 갑시다.

1) 선 생 : 김 선생님이 어디로 갔습니까? (제주도)
   학 생 : 제주도로 갔습니다.

2) 선 생 : 이 편지를 어디로 보냅니까? (중국)
   학 생 : 중국으로 보냅니다.

3) 선 생 : 한식은 무엇으로 먹습니까? (수저)
   학 생 : 수저로 먹습니다.

4) 선 생 : 교실에서 어느 나라 말로 합니까? (한국말)
   학 생 : 한국말로 합니다.

5) 선 생 : 빵은 무엇으로 만듭니까? (밀가루)
   학 생 : 밀가루로 만듭니다.

5. 1   D3

(보기) 선 생 : 안 / 들어갑니다.
       학 생 : 안으로 들어가십시오.

1) 선 생 : 육교 위 / 올라갑니다.
   학 생 : 육교 위로 올라가십시오.

2) 선 생 : 지하도 / 내려갑니다.
   학 생 : 지하도로 내려가십시오.

3) 선 생 : 산 밑 / 내려갑니다.
   학 생 : 산 밑으로 내려가십시오.

4) 선 생 : 지하도 옆 / 갑니다.
   학 생 : 지하도 옆으로 가십시오.

5) 선 생 : 이 건물 뒤 / 돌아갑니다.
   학 생 : 이 건물 뒤로 돌아가십시오.

5.1   D4

(보기) 선 생 : 어디로 갈까요? (설악산)
　　　　학 생 : 설악산으로 갑시다.

1) 선 생 : 몇 시에 떠날까요? (새벽)
　 학 생 : 새벽에 떠납시다.

2) 선 생 : 어디에서 만날까요? (독수리다방)
　 학 생 : 독수리다방에서 만납시다.

3) 선 생 : 뭘 살까요? (인형)
　 학 생 : 인형을 삽시다.

4) 선 생 : 어느 식당에서 먹을까요? (학생식당)
　 학 생 : 학생식당에서 먹읍시다.

5) 선 생 : 뭘 시킬까요? (한식)
　 학 생 : 한식을 시킵시다.

5.2   D1

(보기) 선 생 : 이 버스가 종로로 갑니까? (실례지만)
　　　　학 생 : 실례지만, 이 버스가 종로로 갑니까?

1) 선 생 : 지금 몇 시입니까? (실례지만)
　 학 생 : 실례지만, 지금 몇 시입니까?

2) 선 생 : 어디에 가십니까? (실례지만)
　 학 생 : 실례지만, 어디에 가십니까?

3) 선 생 : 몇 살입니까? (실례지만)
   학 생 : 실례지만, 몇 살입니까?

4) 선 생 : 그 옷을 어디에서 사셨습니까? (실례지만)
   학 생 : 실례지만, 그 옷을 어디에서 사셨습니까?

5) 선 생 : 부인을 어디에서 처음 만나셨습니까? (실례지만)
   학 생 : 실례지만, 부인을 어디에서 처음 만나셨습니까?

5.2 D2

   (보기) 선 생 : 실례입니다 / 몇 살입니까?
          학 생 : 실례지만 몇 살입니까?

1) 선 생 : 방학입니다 / 공부합니다.
   학 생 : 방학이지만 공부합니다.

2) 선 생 : 미국 사람입니다 / 한국말을 잘 합니다.
   학 생 : 미국 사람이지만 한국말을 잘 합니다.

3) 선 생 : 한국말이 어렵습니다 / 재미있습니다.
   학 생 : 한국말이 어렵지만 재미있습니다.

4) 선 생 : 이 넥타이가 좋습니다 / 비쌉니다.
   학 생 : 이 넥타이가 좋지만 비쌉니다.

5) 선 생 : 바쁩니다 / 공부하겠습니다.
   학 생 : 바쁘지만 공부하겠습니다.

5.2   D3

(보기) 선 생 : 이 버스는 종로로 안 갑니다. (몇 번 버스가 갑니까?)
      학 생 : 그럼, 몇 번 버스가 갑니까?

1) 선 생 : 저는 고기를 안 먹습니다. (뭘 잡수시겠습니까?)
   학 생 : 그럼, 뭘 잡수시겠습니까?

2) 선 생 : 그분은 지하철로 안 갑니다. (무엇으로 갑니까?)
   학 생 : 그럼, 무엇으로 갑니까?

3) 선 생 : 그분은 커피를 안 마십니다. (뭘 드릴까요?)
   학 생 : 그럼, 뭘 드릴까요?

4) 선 생 : 지금 시간이 없습니다. (언제 시간이 있습니까?)
   학 생 : 그럼, 언제 시간이 있습니까?

5) 선 생 : 한국말을 잘 모릅니다. (어느 나라 말로 하십니까?)
   학 생 : 그럼, 어느 나라 말로 하십니까?

5.2   D4

(보기) 선 생 : 종로 / 얼마나
      학 생 : 종로까지 얼마나 걸립니까?

1) 선 생 : 학교 / 몇 분
   학 생 : 학교까지 몇 분 걸립니까?

2) 선 생 : 거기 / 몇 시간
   학 생 : 거기까지 몇 시간 걸립니까?

3) 선 생 : 선생님 고향 / 며칠
   학 생 : 선생님 고향까지 며칠 걸립니까?

4) 선 생 : 달나라 / 몇 달
   학 생 : 달나라까지 몇 달 걸립니까?

5) 선 생 : 우주 / 몇 년
   학 생 : 우주까지 몇 년 걸립니까?

5.2 D5

(보기) 선 생 : 종로까지 얼마나 걸립니까? (버스 / 삼십 분)
       학 생 : 버스로 삼십 분쯤 걸립니다.

1) 선 생 : 학교까지 몇 분 걸립니까? (자동차 / 한 시간)
   학 생 : 자동차로 한 시간쯤 걸립니다.

2) 선 생 : 거기까지 몇 분 걸립니까? (지하철 / 사십 분)
   학 생 : 지하철로 사십 분쯤 걸립니다.

3) 선 생 : 부산까지 몇 시간 걸립니까? (기차 / 다섯 시간 반)
   학 생 : 기차로 다섯 시간 반쯤 걸립니다.

4) 선 생 : 선생님 고향까지 며칠 걸립니까? (배 / 일주일)
   학 생 : 배로 일주일쯤 걸립니다.

5) 선 생 : 달나라까지 몇 달 걸립니까? (로케트 / 8일)
   학 생 : 로케트로 8일쯤 걸립니다.

5.2 D6

(보기) 선 생 : 거기까지 몇 시간 걸립니까? (세 시간)
       학 생 : 세 시간쯤 걸립니다.

1) 선 생 : 몇 시에 만날까요? (두 시)
   학 생 : 두 시쯤 만납시다.

2) 선 생 : 언제 쯤 떠나십니까? (다음 5월)
   학 생 : 다음 5월쯤 떠납니다.

3) 선 생 : 사람들이 몇 명쯤 있었습니까? (50,000명)
   학 생 : 50,000명쯤 있었습니다.

4) 선 생 : 사과를 몇 개 사시겠습니까? (열 개)
   학 생 : 열 개쯤 사겠습니다.

5) 선 생 : 돈을 얼마나 준비하겠습니까? (30,000원)
   학 생 : 30,000원쯤 준비하겠습니다.

5.3   D1

(보기) 선 생 : 어디까지 갑니까? (종로)
       학 생 : 종로까지 갑니다.

1) 선 생 : 우리가 어디까지 왔습니까? (대전)
   학 생 : 대전까지 왔습니다.

2) 선 생 : 친구가 어디까지 갑니까? (서울역)
   학 생 : 서울역까지 갑니다.

3) 선 생 : 한국에 언제까지 계시겠습니까? (내년 9월)
   학 생 : 내년 9월까지 있겠습니다.

4) 선 생 : 몇 시까지 놀았습니까? (밤 늦게)
   학 생 : 밤 늦게까지 놀았습니다.

5) 선 생 : 몇 페이지까지 책을 읽으셨습니까? (200페이지)
   학 생 : 200페이지까지 읽었습니다.

5.3 D2

(보기) 선 생 : (제가) 지금 바쁩니다 / 내일 만납시다.
　　　　학 생 : 지금 바쁘니까 내일 만납시다.

1) 선 생 : 피곤합니다 / 그만 합시다.
　 학 생 : 피곤하니까 그만 합시다.

2) 선 생 : 비가 옵니다 / 택시로 갑시다.
　 학 생 : 비가 오니까 택시로 갑시다.

3) 선 생 : 공휴일입니다 / 집에서 쉬십시오.
　 학 생 : 공휴일이니까 집에서 쉬십시오.

4) 선 생 : 날씨가 좋습니다 / 산에 갑시다.
　 학 생 : 날씨가 좋으니까 산에 갑시다.

5) 선 생 : 그 영화가 재미있습니다 / 꼭 보십시오.
　 학 생 : 그 영화가 재미있으니까 꼭 보십시오.

5.3 D3

(보기) 선 생 : 사람이 많습니다 / 문쪽으로 가십시오.
　　　　학 생 : 사람이 많으니까 문쪽으로 가십시오.

1) 선 생 : 사람이 많습니다 / 지하철이 복잡합니다.
　 학 생 : 사람이 많으니까 지하철이 복잡합니다.

2) 선 생 : 눈이 옵니다 / 경치가 아름답습니다.
　 학 생 : 눈이 오니까 경치가 아름답습니다.

3) 선 생 : 물건값이 쌉니다 / 사람들이 많이 삽니다.
　 학 생 : 물건값이 싸니까 사람들이 많이 삽니다.

4) 선 생 : 한국말을 모릅니다 / 인사를 안 합니다.
　 학 생 : 한국말을 모르니까 인사를 안 합니다.

5) 선 생 : 돈이 없습니다 / 안 샀습니다.
　 학 생 : 돈이 없으니까 안 샀습니다.

5.3 D4

(보기) 선 생 : 왜 지하철을 탑니까? (버스가 복잡합니다)
　　　　학 생 : 버스가 복잡하니까 지하철을 탑니다.

1) 선 생 : 왜 약을 먹습니까? (머리가 아픕니다)
　 학 생 : 머리가 아프니까 약을 먹습니다.

2) 선 생 : 왜 학교에 안 갑니까? (방학입니다)
　 학 생 : 방학이니까 학교에 안 갑니다.

3) 선 생 : 왜 인사를 안 했습니까? (그분을 모릅니다)
　 학 생 : 그분을 모르니까 인사를 안 했습니다.

4) 선 생 : 왜 물건을 안 샀습니까? (돈이 없습니다)
　 학 생 : 돈이 없으니까 물건을 안 샀습니다.

5) 선 생 : 왜 안 잡수셨습니까? (짭니다)
　 학 생 : 짜니까 안 먹었습니다.

5.4 D1

(보기) 선 생   : 꽃집
　　　　학 생 1 : 이 근처에 꽃집이 있습니까? (길 건너)
　　　　학 생 2 : 예, 길 건너에 있습니다.

1) 선 생   : 극장

   학 생 1 : 이 근처에 극장이 있습니까? (저 건물 뒤)

   학 생 2 : 예, 저 건물 뒤에 있습니다.

2) 선 생   : 박물관

   학 생 1 : 이 근처에 박물관이 있습니까? (저 건물 앞)

   학 생 2 : 예, 저 건물 앞에 있습니다.

3) 선 생   : 양복점

   학 생 1 : 이 근처에 양복점이 있습니까? (저 이발소 옆)

   학 생 2 : 예, 저 이발소 옆에 있습니다.

4) 선 생   : 음식점

   학 생 1 : 이 근처에 음식점이 있습니까? (저 육교 근처)

   학 생 2 : 예, 저 육교 근처에 있습니다.

5) 선 생   : 미장원

   학 생 1 : 이 근처에 미장원이 있습니까? (저 건물 안)

   학 생 2 : 예, 저 건물 안에 있습니다.

5.4 D2

(보기) 선 생 : 육교를 건넙니다 / 왼쪽으로 가십시오.

　　　 학 생 : 육교를 건너서 왼쪽으로 가십시오.

1) 선 생 : 버스에서 내립니다 / 지하철을 또 타십시오.

   학 생 : 버스에서 내려서 지하철을 또 타십시오.

2) 선 생 : 안으로 들어갑니다 / 보십시오.

   학 생 : 안으로 들어가서 보십시오.

3) 선 생 :   의자에 앉습니다 / 기다립니다.
   학 생 :   의자에 앉아서 기다립니다.

4) 선 생 :   편지를 씁니다 / 부칩니다.
   학 생 :   편지를 써서 부칩니다.

5) 선 생 :   고기를 삽니다 / 요리합니다.
   학 생 :   고기를 사서 요리합니다.

5.4   D3

(보기) 선 생 :   육교를 건너서 왼쪽으로 갑니까? (예)
       학 생 :   예, 육교를 건너서 왼쪽으로 갑니다.

1) 선 생 :   버스에서 내려서 지하철을 또 탑니까? (예)
   학 생 :   예, 버스에서 내려서 지하철을 또 탑니다.

2) 선 생 :   안으로 들어가서 봅니까? (예)
   학 생 :   예, 안으로 들어가서 봅니다.

3) 선 생 :   앉아서 기다립니까? (예)
   학 생 :   예, 앉아서 기다립니다.

4) 선 생 :   편지를 써서 부칩니까? (예)
   학 생 :   예, 편지를 써서 부칩니다.

5) 선 생 :   고기를 사서 요리합니까? (예)
   학 생 :   예, 고기를 사서 요리합니다.

5.5 D1

(보기) 선 생 : 버스를 탔습니까? (아니오 / 지하철을 탔습니다)
학 생 : 아니오, 버스를 타지 않고, 지하철을 탔습니다.

1) 선 생 : 지하철로 왔습니까? (아니오 / 버스로 왔습니다)
   학 생 : 아니오, 지하철로 오지 않고, 버스로 왔습니다.

2) 선 생 : 밥을 잡수셨습니까? (아니오 / 우유를 마셨습니다)
   학 생 : 아니오, 밥을 먹지 않고, 우유를 마셨습니다.

3) 선 생 : 이쪽에서 오셨습니까? (아니오 /저쪽에서 왔습니다)
   학 생 : 아니오, 이쪽에서 오지 않고, 저쪽에서 왔습니다.

4) 선 생 : 영어로 하셨습니까? (아니오 / 한국말로 했습니다)
   학 생 : 아니오, 영어로 하지 않고, 한국말로 했습니다.

5) 선 생 : 수저로 잡수셨습니까? (아니오 / 포크로 먹었습니다)
   학 생 : 아니오, 수저로 먹지 않고, 포크로 먹었습니다.

5.5 D2

(보기) 선 생 : 지하철이 어떻습니까? (아주 깨끗합니다 / 빠릅니다)
학 생 : 아주 깨끗하고 빠릅니다.

1) 선 생 : 남대문시장이 어떻습니까? (사람도 많습니다 / 물건도 많습니다)
   학 생 : 사람도 많고 물건도 많습니다.

2) 선 생 : 제주도가 어떻습니까? (아주 조용합니다 / 아름답습니다)
   학 생 : 아주 조용하고 아름답습니다.

3) 선 생 :   그 산이 어떻습니까? (아주 높습니다 / 나무도 많습니다)
   학 생 :   아주 높고 나무도 많습니다.

4) 선 생 :   그분이 어떻습니까? (아주 예쁩니다 / 친절합니다)
   학 생 :   아주 예쁘고 친절했습니다.

5) 선 생 :   고속도로가 어떻습니까? (아주 편리합니다 / 빠릅니다)
   학 생 :   아주 편리하고 빠릅니다.

5.5   D3

(보기) 선 생 :   시간이 빠릅니까? (예)
       학 생 :   예, 시간이 빨랐습니다.

1) 선 생 :   사고방식이 다릅니까? (예)
   학 생 :   예, 사고방식이 달랐습니다.

2) 선 생 :   이름을 부릅니까? (예)
   학 생 :   예, 이름을 불렀습니다.

3) 선 생 :   한국말을 모릅니까? (예)
   학 생 :   예, 한국말을 몰랐습니다.

4) 선 생 :   물건을 고릅니까? (예)
   학 생 :   예, 물건을 골랐습니다.

5) 선 생 :   시간이 이릅니까? (예)
   학 생 :   예, 시간이 일렀습니다.

5.5 D4

(보기) 선 생 : 여기 / 학교 / 십오 분 걸립니다.
　　　 학 생 : 여기에서 학교까지 십오 분 걸립니다.

1) 선 생 : 서울 / 부산 / 몇 시간 걸립니까?
　 학 생 : 서울에서 부산까지 몇 시간 걸립니까?

2) 선 생 : 한국 / 러시아 / 몇 시간 걸립니까?
　 학 생 : 한국에서 러시아까지 몇 시간 걸립니까?

3) 선 생 : 여기 / 거기 / 며칠 걸립니까?
　 학 생 : 여기에서 거기까지 며칠 걸립니까?

4) 선 생 : 12시 / 1시 / 점심시간입니다.
　 학 생 : 12시에서 1시까지 점심시간입니다.

5) 선 생 : 10페이지 / 50페이지 / 읽으십시오.
　 학 생 : 10페이지에서 50페이지까지 읽으십시오.

제 6 과

친구 집에 갔어요.

1

죤슨 씨는 김미선 씨 집에 갔다.

죤 슨 : 오래간만입니다.

미 선 : 어서 들어오십시오.

죤 슨 : 이거 받으십시오.

미 선 : 꽃이 참 예쁘군요. 감사합니다.

죤 슨 : 어머님께 인사를 드리고 싶습니다.

미 선 : 지금 집에 안 계십니다.

오래간만	for a long time	어서	please, quickly	받다	to receive
예쁘다	to be pretty	인사	greetings	드리다	to give

2

미 선 : 여기가 제 방이에요.

죤 슨 : 방이 커서 좋습니다.

미 선 : 언니하고 같이 써요.

죤 슨 : 언니는 무슨 일을 하십니까?

미 선 : 여행사에 다녀요.

죤 슨 : 구경을 많이 하시겠습니다. ← context makes assumption

제	my	언니	older sister	쓰다	to use
일	work	여행사	travel agency	다니다	to attend

3

album

김미선 씨는 사진첩을 내어 놓았다.

미 선 : 우리 가족 사진이에요.

죤 슨 : 아, 여기 미선 씨가 있군요. 참 귀엽습니다.

미 선 : 오년 전에 찍었어요.

우리	we	가족	family	사진	picture
귀엽다	to be cute	년	year	전	before
찍다	to take a photograph				

존 슨 : 키가 큰 분이 오빠입니까?

미 선 : 아니오, 동생이에요.

존 슨 : 아주 잘 생겼군요.

키	height	오빠	older brother	동생	younger
생기다	to look				

4

어머니께서 돌아오셨다. 김미선 씨는 어머니께 존슨 씨를 소개하였다.

존 슨 : 미국에서 온 톰 존슨입니다.

어머니 : 한국에 언제 오셨어요?

존 슨 : 지난 해 시월에 왔습니다.

어머니 : 지금 어디서 살아요?

존 슨 : 여의도에서 삽니다.

어머니 : 편히 앉으세요.

지난	last	해	year	시월	October
살다	to live	편히	comfortably		

5

존슨 씨는 토요일 오후에 친구 집에 갔습니다.

예쁜 꽃을 가지고 갔습니다.

존슨 씨는 오래간만에 그 친구를 만나서 반가웠습니다.

두 사람은 이야기를 많이 했습니다.

가족 이야기도 하고 학교 이야기도 하였습니다.

음악도 들었습니다.

존슨 씨는 이번 주말을 즐겁게 보냈습니다.

오후	afternoon	가지다	to take, to have	반갑다	to be glad
이야기	story	음악	music	이번	this (time)
주말	weekend	즐겁게	pleasantly, joyfully	보내다	to spend

Lesson 6

He visits a friend's home.

1

Mr. Johnson went to Ms. Kim Mi-Sun's house.

Mr. Johnson : I haven't seen you for a long time.

Ms. Kim   : Please come in.

Mr. Johnson : Please take these.

Ms. Kim   : The flowers are very beautiful. Thank you.

Mr. Johnson : I'd like to say hello to your mother.

Ms. Kim   : She's not home now.

2

Ms. Kim   : This is my room.

Mr. Johnson : It's nice because it's big.

Ms. Kim   : I share it with my sister.

Mr. Johnson : What does your sister do?

Ms. Kim   : She works in a travel agency.

Mr. Johnson : She must travel a lot.

3

Ms. Kim brought out some photo albums.

Ms. Kim   :   This is my family picture.

Mr. Johnson :   Oh, here you are. You're so cute.

Ms. Kim   :   This was taken five years ago.

Mr. Johnson :   Is the tall person your older brother?

Ms. Kim   :   No, it's my younger brother.

Mr. Johnson :   He's very good-looking.

4

Ms. Kim's mother returned home. Ms. Kim introduced Mr. Johnson to her mother.

Mr. Johnson :   I'm Tom Johnson from the United States.

Mothert   :   When did you come to Korea?

Mr. Johnson :   I came last October.

Mother   :   Where do you live now?

Mr. Johnson :   I live in Yoido.

Mother   :   Please, make yourself at home.

5

Mr. Johnson went to his friend's house on Saturday afternoon.

He took some beautiful flowers.

Mr. Johnson was glad to see her, because he hadn't seen her in a long time.

The two talked a lot.

They talked about their families and school.

Also, they listened to music.

Mr. Johnson had a funny weekend.

문 법

6. 1 G1 -에게/한테

• This is a case particle which attaches to animate nouns. -에게 and -한테 have the same meaning and are interchangeable.

예: 동생에게 영어를 가르칩니다.   I teach English to my younger sibling.

친구에게 편지를 자주 씁니까?   Do you write letters to your friend often?

어머니가 아이들에게 과자를   Mother gave some cookies to the children.
주었습니다.

누구한테 카드를 보냅니까?   To whom are you sending the card?

• When the preceding noun is an esteemed individual, you can use -께 instead of -에게.

예: 어머님께 인사를 드리고 싶습니다. I want to pay my respects to mother.

교수님께 안부 전해 주십시오.   Please give my regards to the professor.

의사 선생님께 말씀하십시오.   Please tell the doctor.

6. 1 G2 -군요/는군요

• This sentence-final ending attaches to verbs and has the meaning of surprise or exclamation ("My, I suddenly realize that……"). Quality verbs take -군요, and action verbs take -는군요.

예: 집이 좋군요.   My, what a nice house you have.

물건값이 비싸군요.   Wow, things are really expensive.

한국말을 참 잘하시는군요.   Boy, you sure speak Korean well!

6.2 G1 -아서/어서/여서

• This conjunctive ending attaches to a verb stem to indicate a temporal sequence between the action of the first clause and the second clause, or else to indicate that the action of the first clause is the reason for the action of the second clause.

• When this ending is used to express cause, the second clause cannot contain an imperative or a suggestion.

• -았/었/였- and -겠- cannot be used before -아서/어서/여서

예: 방이 커서 좋습니다.	The room is nice and big. (The room is big, and so it's good. *or* The room is big so I like it.)
배가 아파서 약을 먹었습니다.	My stomach hurt so I took some medicine.
비가 와서 우산을 샀습니다.	It was raining, so I bought an umbrella.
약속을 어겨서 죄송합니다.	I'm sorry, I'm late.
옷을 많이 입어서 덥습니다.	I'm wearing lots of clothes, so I'm hot.

6.2 G2 -아요/어요/여요

• This informal style verb-final ending attaches to a verb stem and is used frequently in conversation with close friends (for the formal endings, see 2.1 G3).

• Depending on your intonation, this form can express declaratives, interrogative, imperatives or suggestions.

Final Ending / Form	Formal Style	Informal Style
Declarative	-ㅂ (습) 니다	-아요/어요/여요
Interrogative	-ㅂ (습) 니까?	-아요/어요/여요?
Imperative	-ㅂ (읍) 시오	-아요/어요/여요
Suggestion	-ㅂ (읍) 시다	-아요/어요/여요

• Verb stems ending in 아, 오 take 아요: verb stems ending in 어, 우, 으 and 이 take 어요. The verb stem 하- takes -여요.

• When a verb stem final vowel and the initial vowel of this ending come together, the following contractions and deletions take place.

	Verb-stem final V		Ending Initial V		Change		Example		
Deletion	아	+	아	→	아		가아요	→	가요
	어	+	어	→	어		서어요	→	서요
	으	+	어	→	어		쓰어요	→	써요
Contraction	오	+	아	→	와		오아요	→	와요
	우	+	어	→	워		배우어요	→	배워요
	이	+	어	→	여		기다리어요	→	기다려요
	하	+	여	→	해		일하여요	→	일해요

예: 애기가 방에서 자요.   The baby is sleeping in the room.

    어디에서 물건을 사요?   Where do you buy things?

    우리는 영화를 봐요.   We are watching a movie.

    친구한테 전화해요.   I call a friend.

    그분 이야기가 참 재미있어요. His story is very funny.

• When the copula -이다 combines with this ending, it comes out as (이)에요.

6.3 G1 -는/(으)ㄴ/(으)ㄹ

• These are modifier endings which attach to a verb stem and serve to modify a following noun.

• The modified noun and the modifier phrase preceding it form a noun phrase, and this noun phrase can function as subject, object, etc. in the sentence, just like any other noun phrase.

1. Action verb＋는＋Noun: This expresses the process of the action in the present tense.

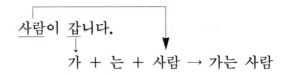

사람이 갑니다.

가 + 는 + 사람 → 가는 사람

학생이 책을 읽습니다.

책을 읽 + 는 + 학생 → 책을 읽는 학생

예: 저기 가는 학생이 누구입니까?	Who is that student walking over there?
사무실에서 일하는 분을 아십니까?	Do you know the person working in the office?
이것은 내가 찾는 안경이 아닙니다.	These are not the glasses I am looking for.

2. Action verb ＋ (으) ㄴ＋Noun: This past tense modifier expresses the completion of an action.

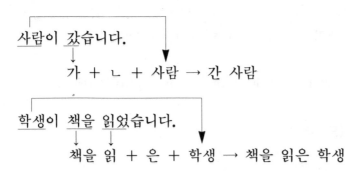

사람이 갔습니다.

가 + ㄴ + 사람 → 간 사람

학생이 책을 읽었습니다.

책을 읽 + 은 + 학생 → 책을 읽은 학생

예: 일본에서 온 교포입니다.	I am a Korean (who has come) from Japan.
어제 받은 돈을 다 썼어요?	Did you spend all the money you received yesterday?
어제 산 과자가 맛이 있어요.	The cookies I bought yesterday taste good.

3. Action verb＋(으) ㄹ＋noun: This future tense modifier expresses the speaker's supposition or presumption.

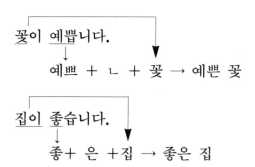

사람이 가겠습니다.
↓
가 ＋ ㄹ ＋ 사람 → 갈 사람

학생이 책을 읽겠습니다.
↓   ↓   ↓
책을 읽 ＋ 을 ＋ 학생 → 책을 읽을 학생

예: 주말에 할 일이 많습니다.　　　　　I have many things to do this weekend.

마실 물을 좀 주세요.　　　　　　　Please give me some drinking water
　　　　　　　　　　　　　　　　(water to drink).

냉장고에 먹을 음식이 없어요.　　　There is nothing to eat in the fridge.

4. Quality verb＋(으) ㄴ＋noun: This expresses some state in the present tense.

꽃이 예쁩니다.
↓
예쁘 ＋ ㄴ ＋ 꽃 → 예쁜 꽃

집이 좋습니다.
↓
좋＋ 은 ＋집 → 좋은 집

예: 키가 큰 사람이 동생입니다.　　　The tall person is my younger sibling.

오늘은 바쁜 날입니다.　　　　　　Today is a busy day.

돈이 많은 사람이 한턱 내십시오.　The person with lots of money should
　　　　　　　　　　　　　　　　treat (please).

• If we organize the information above in a chart, it looks like this:

Verb + modifier + Noun			Tense-aspect	E.g.
action verb	-는	Noun	present-progressive	가는 사람
action verb	-ㄴ/은	Noun	past-completive	간 사람
action verb	-ㄹ/을	Noun	future-supposition	갈 사람
quality verb	-ㄴ/은	Noun	present tense	좋은 사람
copula -이다	-ㄴ	Noun	present tense	사장인 영수 씨

6. 4 G1 ㄹ **Verbs**

• Verb stems which end in ㄹ drop the ㄹ when followed by an ending beginning with ㄴ, ㅂ or ㅅ.

살다
살 + ㅂ니다 → 삽니다
놀다
놀 + 십시오 → 노십시오
만들다
만들 + 는 → 만드는
알다
알 + 니까 → 아니까

예: 저는 여의도에서 삽니다.	I live on Yoido.
남대문시장에서 물건을 많이 팝니다.	They sell a lot of things at Namdaemun market.
아이들이 밖에서 놉니다.	The children are playing outside.
누가 옷을 만드십니까?	Who makes (the) clothes?
저기서 우는 아이를 아세요?	Do you know that child crying over there?

6. 4 G2 -(으)세요

• This honorific form results from adding the honorific suffix to -아요/어요/여요, giving -세요.

• Just as with -아요/어요/여요, depending on your intonation, this form can express a declarative, a question, an imperative or a suggestion.

• Verb bases ending in a vowel take -세요, and verb stems ending in a consonant take -으세요.

예: 누가 가세요?   Who is going?
이번에는 홍 선생님이 가세요.   This time you go, Mr. Hong.
좀 조용히 하세요.   Please be quiet.
다 같이 손을 잡으세요.   Everybody (let's) join hands.

6. 5 G1 ㅂ Verbs

• When a verb stem ending in ㅂ is followed by an ending beginning with a vowel, the ㅂ changes to 우.

• However, when one-syllable bases like 돕다 and 곱다 are followed by 아, they become 도와, 고와.

아름답다
아름답 + 아요 → 아름다워요

고맙다
고맙 + 아요 → 고마워요

덥다
덥 + 어서 → 더워서

쉽다
쉽 + 으니까 → 쉬우니까

돕다
돕 + 아요 → 도와요

예: 산이 아름다워요.   The mountains are beautiful.

이 문제는 너무 어려워요.   This problem is too difficult.

전 매운 음식을 싫어해요.   I hate spicy food.

이 일 좀 도와 주세요.   Please help me with this (matter).

6.5 G2 ㄷ Verbs

• Verb stems ending in ㄷ change the ㄷ to ㄹ when followed by an ending beginning with a vowel.

듣다
듣 + 으십시오 → 들으십시오

걷다
걷 + 으니까 → 걸으니까

묻다
묻 + 었습니다 → 물었습니다

예: 다방에서 차도 마시고 음악도   I listened to music and drank tea in the
들었습니다.   tabang.

집에서 학교까지 걸어와요.   I walk from home to school.

모르는 것은 나한테 물으세요.   Ask me about things you don't know.

이 짐 좀 실어 주세요.   Please load this baggage.

유형 연습

6.1 D1

(보기) 선 생 : 친구 / 편지를 씁니다.
　　　　학 생 : 친구에게 편지를 씁니다.

1) 선 생 : 친구 / 전화를 합니다.
　　학 생 : 친구에게 전화를 합니다.

2) 선 생 : 동생 / 과자를 줍니다.
　　학 생 : 동생에게 과자를 줍니다.

3) 선 생 : 영수 / 선물을 줍니다.
　　학 생 : 영수에게 선물을 줍니다.

4) 선 생 : 아버님 / 인사를 드립니다.
　　학 생 : 아버님께 인사를 드립니다.

5) 선 생 : 선생님 / 숙제를 드립니다.
　　학 생 : 선생님께 숙제를 드립니다.

6.1 D2

(보기) 선 생 : 누구한테 편지를 씁니까? (친구)
　　　　학 생 : 친구한테 편지를 씁니다.

1) 선 생 : 누구한테 말했습니까? (동생)
　　학 생 : 동생한테 말했습니다.

2) 선 생 : 누구한테 선물을 주었습니까? (영수)
   학 생 : 영수한테 선물을 주었습니다.

3) 선 생 : 누구한테 전화했습니까? (어머님)
   학 생 : 어머님께 전화했습니다.

4) 선 생 : 누구한테 카드를 보냈습니까? (고향 친구)
   학 생 : 고향 친구한테 카드를 보냈습니다.

5) 선 생 : 누구한테 선물을 드렸습니까? (아버님)
   학 생 : 아버님께 선물을 드렸습니다.

6. 1   D3

   (보기) 선 생 : 참 예쁩니다.
          학 생 : 참 예쁘군요.

1) 선 생 : 경치가 아름답습니다.
   학 생 : 경치가 아름답군요.

2) 선 생 : 배가 고픕니다.
   학 생 : 배가 고프군요.

3) 선 생 : 피곤합니다.
   학 생 : 피곤하군요.

4) 선 생 : 집이 가깝습니다.
   학 생 : 집이 가깝군요.

5) 선 생 : 교실이 시끄럽습니다.
   학 생 : 교실이 시끄럽군요.

6.1 D4

(보기) 선 생 : 학생들이 공부를 열심히 합니다.
　　　　학 생 : 학생들이 공부를 열심히 하는군요.

1) 선 생 : 눈이 옵니다.
　　학 생 : 눈이 오는군요.

2) 선 생 : 영수가 친구와 싸웁니다.
　　학 생 : 영수가 친구와 싸우는군요.

3) 선 생 : 감기에 걸렸습니다.
　　학 생 : 감기에 걸렸군요.

4) 선 생 : 꽃이 피었습니다.
　　학 생 : 꽃이 피었군요.

5) 선 생 : 돈이 없었습니다.
　　학 생 : 돈이 없었군요.

6.2 D1

(보기) 선 생 : 방이 큽니다 / 좋습니다.
　　　　학 생 : 방이 커서 좋습니다.

1) 선 생 : 배가 고픕니다 / 식당에 갑니다.
　　학 생 : 배가 고파서 식당에 갑니다.

2) 선 생 : 다리가 아픕니다 / 쉽니다.
　　학 생 : 다리가 아파서 쉽니다.

3) 선 생 : 돈이 없습니다 / 빌립니다.
　　학 생 : 돈이 없어서 빌립니다.

4) 선 생 : 늦게 일어났습니다 / 학교에 늦었습니다.
   학 생 : 늦게 일어나서 학교에 늦었습니다.

5) 선 생 : 피곤했습니다 / 일찍 잤습니다.
   학 생 : 피곤해서 일찍 잤습니다.

6.2   D2

(보기) 선 생 : 왜 병원에 가십니까? (배가 아픕니다)
       학 생 : 배가 아파서 병원에 갑니다.

1) 선 생 : 왜 혼자 가십니까? (친구가 없습니다)
   학 생 : 친구가 없어서 혼자 갑니다.

2) 선 생 : 왜 택시를 타십니까? (바쁩니다)
   학 생 : 바빠서 택시를 탑니다.

3) 선 생 : 왜 학교에 늦었습니까? (늦게 일어났습니다)
   학 생 : 늦게 일어나서 학교에 늦었습니다.

4) 선 생 : 왜 시장에 가십니까? (백화점은 비쌉니다)
   학 생 : 백화점은 비싸서 시장에 갑니다.

5) 선 생 : 왜 울었습니까? (영화가 슬펐습니다)
   학 생 : 영화가 슬퍼서 울었습니다.

6.2   D3

(보기) 선 생 : 여행사에 다닙니다.
       학 생 : 여행사에 다녀요.

1) 선 생 : 날마다 다방에 갑니다.
   학 생 : 날마다 다방에 가요.

2) 선 생 : 옷을 입습니다.
 학 생 : 옷을 입어요.

3) 선 생 : 아침마다 운동을 합니까?
 학 생 : 아침마다 운동을 해요?

4) 선 생 : 발음 연습을 하십시오.
 학 생 : 발음 연습을 하세요.

5) 선 생 : 사전을 찾읍시다.
 학 생 : 사전을 찾아요.

6.2 D4

(보기) 선 생 : 어디에 다녀요? (여행사)
  학 생 : 여행사에 다녀요.

1) 선 생 : 한국에서 무엇을 배워요? (한국말)
 학 생 : 한국에서 한국말을 배워요.

2) 선 생 : 누구하고 같이 극장에 가요? (친구)
 학 생 : 친구하고 같이 극장에 가요.

3) 선 생 : 무엇을 잡수시겠어요? (갈비)
 학 생 : 갈비를 먹겠어요.

4) 선 생 : 어제 무엇을 하셨어요? (김장)
 학 생 : 어제 김장을 했어요.

5) 선 생 : 저분이 누구에요? (김 선생님)
 학 생 : 저분이 김 선생님이에요.

6.3   D1

(보기) 선 생 : 지금 합니다 / 그 일이 무엇입니까?
　　　 학 생 : 지금 하는 일이 무엇입니까?

1) 선 생 : 지금 읽습니다 / 그 책이 무슨 책입니까?
　 학 생 : 지금 읽는 책이 무슨 책입니까?

2) 선 생 : 갑니다 / 그곳이 어디입니까?
　 학 생 : 가는 곳이 어디입니까?

3) 선 생 : 찾습니다 / 그분이 누구입니까?
　 학 생 : 찾는 분이 누구입니까?

4) 선 생 : 지금 먹습니다 / 그게 무엇입니까?
　 학 생 : 지금 먹는 게 무엇입니까?

5) 선 생 : 저기에 있습니다 / 그 사람을 아십니까?
　 학 생 : 저기에 있는 사람을 아십니까?

6.3   D2

(보기) 선 생 : 어제 보았습니다 / 그 영화가 재미있었습니다.
　　　 학 생 : 어제 본 영화가 재미있었습니다.

1) 선 생 : 아까 만났습니다 / 그분이 김 박사님입니다.
　 학 생 : 아까 만난 분이 김 박사님입니다.

2) 선 생 : 지난 주에 빌렸습니다 / 그 책을 다 읽었습니다.
　 학 생 : 지난 주에 빌린 책을 다 읽었습니다.

3) 선 생 : 지난 번에 만났습니다 / 그 사람을 기억하십니까?
　 학 생 : 지난 번에 만난 사람을 기억하십니까?

4) 선 생 : 이제 배웠습니다 / 그것을 이해합니다.
   학 생 : 이제 배운 것을 이해합니다.

5) 선 생 : 결혼했습니다 / 그 날이 언제입니까?
   학 생 : 결혼한 날이 언제입니까?

6.3 D3

(보기) 선 생 : 하겠습니다 / 일이 많습니다.
      학 생 : 할 일이 많습니다.

1) 선 생 : 먹겠습니다 / 음식이 없습니다.
   학 생 : 먹을 음식이 없습니다.

2) 선 생 : 같이 가겠습니다 / 사람이 있습니까?
   학 생 : 같이 갈 사람이 있습니까?

3) 선 생 : 구경하겠습니다 / 물건이 많습니다.
   학 생 : 구경할 물건이 많습니다.

4) 선 생 : 결혼하겠습니다 / 사람이 어떤 사람입니까?
   학 생 : 결혼할 사람이 어떤 사람입니까?

5) 선 생 : 쓰겠습니다 / 돈이 없습니다.
   학 생 : 쓸 돈이 없습니다.

6.3 D4

(보기) 선 생 : 키가 큽니다 / 그 분이 오빠입니다.
      학 생 : 키가 큰 분이 오빠입니다.

1) 선 생 : 나이가 많습니다 / 그 사람이 누구입니까?
   학 생 : 나이가 많은 사람이 누구입니까?

2) 선 생 : 쌉니다 / 그것을 사십시오.
   학 생 : 싼 것을 사십시오.

3) 선 생 : 친절합니다 / 그 사람을 좋아합니다.
   학 생 : 친절한 사람을 좋아합니다.

4) 선 생 : 나쁩니다 / 그 친구와 놀지 마십시오.
   학 생 : 나쁜 친구와 놀지 마십시오.

5) 선 생 : 예쁩니다 / 그 여자를 좋아합니다.
   학 생 : 예쁜 여자를 좋아합니다.

6.3 D5

(보기) 선 생 : 지금 읽는 책이 교과서입니까? (예)
      학 생 : 예, 지금 읽는 책이 교과서입니다.

1) 선 생 : 찾는 사람이 오빠입니까? (예)
   학 생 : 예, 찾는 사람이 오빠입니다.

2) 선 생 : 지난 번에 만난 분을 기억하십니까? (예)
   학 생 : 예, 지난 번에 만난 분을 기억합니다.

3) 선 생 : 시원한 걸 마시겠습니까? (예)
   학 생 : 예, 시원한 걸 마시겠습니다.

4) 선 생 : 오후에 할 일이 많습니까? (예)
   학 생 : 예, 오후에 할 일이 많습니다.

5) 선 생 : 내일 볼 시험이 말하기 시험입니까? (예)
   학 생 : 예, 내일 볼 시험이 말하기 시험입니다.

6.4 D1

(보기) 선 생 : 여의도에서 살아요? (예)
　　　　학 생 : 예, 여의도에서 삽니다.

1) 선 생 : 저분을 알아요? (예)
　　학 생 : 예, 저분을 압니다.

2) 선 생 : 케이크를 만들어요? (예)
　　학 생 : 예, 케이크를 만듭니다.

3) 선 생 : 슈퍼마켓에서 팔아요? (예)
　　학 생 : 예, 슈퍼마켓에서 팝니다.

4) 선 생 : 동생과 같이 놀아요? (예)
　　학 생 : 예, 동생과 같이 놉니다.

5) 선 생 : 왼쪽으로 돌아요? (예)
　　학 생 : 예, 왼쪽으로 돕니다.

6.4 D2

(보기) 선 생 　 : 여의도에서 사십니까? (예)
　　　　학 생 1 : 예, 여의도에서 삽니다. (편리합니다)
　　　　학 생 2 : 여의도에서 사니까 편리합니다.

1) 선 생 　 : 한자를 아십니까? (예)
　　학 생 1 : 예, 한자를 압니다. (아주 좋습니다)
　　학 생 2 : 한자를 아니까 아주 좋습니다.

2) 선 생 　 : 한국 음식을 만드십니까? (예)
　　학 생 1 : 예, 한국 음식을 만듭니다. (재미있습니다)
　　학 생 2 : 한국 음식을 만드니까 재미있습니다.

3) 선 생   : 창문을 여십니까? (예)
   학 생 1 : 예, 창문을 엽니다. (시원합니다)
   학 생 2 : 창문을 여니까 시원합니다.

4) 선 생   : 누구하고 노십니까? (친구)
   학 생 1 : 친구하고 놉니다. (시간이 빨리 갑니다)
   학 생 2 : 친구하고 노니까 시간이 빨리 갑니다.

5) 선 생   : 무엇을 파십니까? (여러 가지 물건)
   학 생 1 : 여러 가지 물건을 팝니다. (바쁩니다)
   학 생 2 : 여러 가지 물건을 파니까 바쁩니다.

6.4   D3

(보기) 선 생 : 편히 앉으십시오.
       학 생 : 편히 앉으세요.

1) 선 생 : 이 책을 읽으십시오.
   학 생 : 이 책을 읽으세요.

2) 선 생 : 안녕하십니까?
   학 생 : 안녕하세요?

3) 선 생 : 안녕히 계십시오.
   학 생 : 안녕히 계세요.

4) 선 생 : 재미있게 노십시오.
   학 생 : 재미있게 노세요.

5) 선 생 : 어디에 가십니까?
   학 생 : 어디에 가세요?

6.5 D1

(보기) 선 생 : 반갑습니다.
　　　학 생 : 반가웠습니다.

1) 선 생 : 방이 춥습니다.
　 학 생 : 방이 추웠습니다.

2) 선 생 : 날씨가 덥습니다.
　 학 생 : 날씨가 더웠습니다.

3) 선 생 : 한국말이 어렵습니다.
　 학 생 : 한국말이 어려웠습니다.

4) 선 생 : 김치가 맵습니다.
　 학 생 : 김치가 매웠습니다.

5) 선 생 : 친구가 고맙습니다.
　 학 생 : 친구가 고마웠습니다.

6.5 D2

(보기) 선 생 : 친구를 만났습니다 / 반가웠습니다.
　　　학 생 : 친구를 만나서 반가웠습니다.

1) 선 생 : 바람이 불었습니다 / 추웠습니다.
　 학 생 : 바람이 불어서 추웠습니다.

2) 선 생 : 문을 닫았습니다 / 더웠습니다.
　 학 생 : 문을 닫아서 더웠습니다.

3) 선 생 : 처음 공부했습니다 / 어려웠습니다.
　 학 생 : 처음 공부해서 어려웠습니다.

4) 선 생 : 물건을 많이 샀습니다 / 무거웠습니다.
   학 생 : 물건을 많이 사서 무거웠습니다.

5) 선 생 : 친구가 나를 도와 주었습니다 / 고마웠습니다.
   학 생 : 친구가 나를 도와 주어서 고마웠습니다.

6.5   D3

(보기) 듣습니다.
       들었습니다.
       들으십시오.
       들을까요?

1) 걷습니다.
   걸었습니다.
   걸으십시오.
   걸을까요?

2) 묻습니다.
   물었습니다.
   물으십시오.
   물을까요?

3) 싣습니다.
   실었습니다.
   실으십시오.
   실을까요?

6.5 D4

(보기) 선 생 : 음악을 들을까요? (예)
　　　 학 생 : 예, 음악을 들읍시다.

1) 선 생 : 뉴스를 들을까요? (예)
　 학 생 : 예, 뉴스를 들읍시다.

2) 선 생 : 같이 걸을까요? (예)
　 학 생 : 예, 같이 걸읍시다.

3) 선 생 : 좀 천천히 걸을까요? (예)
　 학 생 : 예, 좀 천천히 걸읍시다.

4) 선 생 : 저분한테 물을까요? (예)
　 학 생 : 예, 저분한테 물읍시다.

5) 선 생 : 짐을 차에 실을까요? (예)
　 학 생 : 예, 짐을 차에 실읍시다.

제 7 과

날씨가 좋습니다.

①

하숙집에서

존　슨 : 날씨가 참 좋습니다.

아주머니 : 예, 퍽 따뜻해요.

존　슨 : 금방 꽃이 피겠어요.

아주머니 : 삼월이니까 곧 필 거에요.

외출하세요?

존　슨 : 예, 친구가 네 시 비행기로 오기 때문에 공항에

나가요.

날씨	weather	퍽	very	따뜻하다	to be warm
금방	just now, a moment later, a moment ago	피다	to bloom	외출하다	to go out
		비행기	airplane	공항	airport

2

죤슨 씨는 김미선 씨와 같이 공항에 갔다.

죤 슨 : 우리가 너무 일찍 왔군요.

미 선 : 여기 앉아서 기다립시다.

죤 슨 : 날씨가 흐리는군요.

미 선 : 비가 올 것 같아요.

죤 슨 : 우산을 안 가지고 왔는데 어떻게 하죠?

미 선 : 봄비니까 많이 오지 않을 거에요.

너무	too	일찍	early	기다리다	to wait
흐리다	to be cloudy, to get cloudy	비	rain	우산	umbrella
봄	spring				

3

미 선 : 저 그림 좀 보세요.

죤 슨 : 빨간 단풍이 아름다운데요.

미 선 : 죤슨 씨는 어느 계절을 좋아하세요?

빨갛다	to be red	단풍	autumnal tints	아름답다	to be beautiful
		계절	season		

존 슨 : 전 눈이 오는 겨울이 제일 좋아요.

미 선 : 한국은 눈이 많이 오는데 선생님 고향은
        어떻습니까?

존 슨 : 바람도 불고 몹시 추워요.

눈	snow	겨울	winter	제일	best
고향	hometown	바람	wind	불다	to blow
몹시	awfully	춥다	to be cold		

4

존슨 씨의 친구인 브라운 씨가 출구로 나왔다.

존 슨 : 여행이 즐거웠습니까?

브라운 : 잠을 자지 못해서 좀 피곤합니다.

존 슨 : 더우세요?

브라운 : 예, 땀이 나요. 서울은 더운데요.

존 슨 : 하와이에 들러서 오셨습니까?

브라운 : 아니오, 들르지 못했습니다.

여행	trip	즐겁다	to be enjoy	잠을 자다	to sleep
피곤하다	to be tired	땀이 나다	to sweat	들르다	to stop by

5

우리집 마당에는 나무가 많습니다.

그 중에는 소나무도 있습니다.

소나무는 잎이 떨어지지 않습니다.

그리고 색도 변하지 않습니다.

겨울에 하얀 눈이 쌓이면 더 아름답습니다.

그래서 우리는 겨울에도 아름다운 경치를 볼 수 있습니다.

마당	garden	나무	tree	언제나	always
중	among	소나무	pine tree	잎	leaf
떨어지다	to fall	색	colour	변하다	to change
쌓이다	to be piled up				

Lesson 7

The weather is nice.

1

At a boarding house.

Mr. Johnson :   The weather's quite nice.

Owner   :   Yes, it's very warm.

Mr. Johnson :   Soon the flowers will bloom.

Owner   :   It's already March, so they should bloom soon.

Are you going out?

Mr. Johnson :   Yes, I'm going to the airport because a friend is coming on a 4:00 flight.

2

Mr. Johnson went to the airport with Ms. Kim.

Mr. Johnson :   We've come too early.

Ms. Kim   :   Then, let's sit here and wait.

Mr. Johnson :   The weather is getting cloudy.

Ms. Kim   :   It looks like it's going to rain.

Mr. Johnson :   I didn't bring my umbrella. What should I do?

Ms. Kim   :   It won't rain much because it's spring rain.

3

Ms. Kim	:	Look at the painting.
Mr. Johnson	:	The red autumn leaves are beautiful.
Ms. Kim	:	Which season do you like, Mr. Johnson?
Mr. Johnson	:	I like winter the most because it snows.
Ms. Kim	:	It snows a lot in Korea. How about in your hometown?
Mr. Johnson	:	It's windy and very cold.

4

Mr. Brown, a friend of Mr. Johnson, came out to the exit.

Mr. Johnson	:	Did you have a nice flight?
Mr. Brown	:	I'm tired because I couldn't sleep.
Mr. Johnson	:	Are you hot?
Mr. Brown	:	Yes, I'm sweating. It's hot in Seoul.
Mr. Johnson	:	Did you stop by Hawaii?
Mr. Brown	:	No, I couldn't.

5

There are many trees in my garden.

There is also a pine tree.

The pine tree leaves don't fall to the ground. And they don't change color, either.

Also, it's even prettier when the snow piles up in the winter.

Therefore we can enjoy the beautiful landscape even in winter.

문 법

7. 1 G1 -기 때문에

• This ending attaches to the verb stem of a preceding clause and expresses the reason or cause for the action of the second clause (English "because").

• Imperatives or suggestions cannot be used in the second clause.

예: 돈이 모자라기 때문에 물건
값을 깎았습니다.

Because I hadn't enough money, I haggled on ("cut") the price.

키가 작기 때문에 늘 높은
구두를 신습니다.

Because I am short, I always wear high shoes.

오늘은 수업이 없기 때문에
집에서 쉽니다.

I'm resting at home because there is no class today.

외국 사람이기 때문에 서울
길을 몰라요.

Because I am a foreigner, I don't know the Seoul streets well.

• When the meaning is clear from a noun, 때문에 can follow a noun with the same meaning ("because of") in the pattern Noun＋때문에.

예: 비 때문에 소풍을 못 갔어요.

We couldn't go on the outing because of rain.

돈 때문에 싸웠어요.

We fought over (because of) the money.

시계 때문에 늦었어요.

I was late because of my watch.

아이들 때문에 웃어요.

I'm laughing because of the children.

7. 1 G2 -(으)ㄹ 것이다

• When attached to a verb stem with a first- or second-person subject, this ending expresses a simple future tense, and when attached to a verb stem with a third-person subject, it expresses the speaker's presumption or supposition about the action of the subject.

• Verb stems ending in a vowel take -ㄹ 것이다, and verb stems ending in a consonant take -을 것이다.

• The informal final ending for -(으)ㄹ 것이다 is -(으)ㄹ 것이에요 which is often abbreviated to -(으)ㄹ 거에요.

예: 나는 내일 집에 있을 것입니다.	I will be at home tomorrow.
이번 방학에는 뭘 하실 거에요?	What are you going to do this vacation?
그 친구는 약속을 잘 지킬 거에요.	That friend will probably keep his promise.
사무실에 일이 많아서 그들은 바쁠 거에요.	There's lots of work at the office, so they are probably busy (or will probably be busy).

7. 2 G1 -는데/(으)ㄴ데

• This conjunctive ending attaches to a verb stem to set up a background or circumstance.

• Action verbs take -는데, and quality verbs take -(으)ㄴ데. Quality verbs ending in a vowel take -ㄴ데, and those ending in a consonant take -은데.

예: 공부는 잘 하는데 일은 못해요.	I study well, but can't work.
겨울인데 따뜻합니다.	It's winter, and yet it is warm.

비가 오는데 집에서 쉽시다.	(Given the circumstance that), it is raining, (so) let's rest at home.
저녁식사를 하는데 전화가 왔어요.	Somebody called while (under the circumstances when) I was eating supper.
날씨가 좋은데 등산 갈까요?	(Given the circumstance that) the weather is nice, (so) shall we go hiking?

7.2 G2 -(으)ㄹ 것 같다.

• This ending attaches to a verb stem to indicate one's supposition about a likely or probably future fact, action or occurrence.

• Verb stems ending in a vowel take -ㄹ것 같다, and verb stems ending in a consonant take -을 것 같다.

예: 내일은 비가 올 것 같아요.	It looks like it will probably rain tomorrow.
물건값이 또 오를 것 같습니다.	It looks like prices will go up again.
오늘은 좋은 일이 있을 것 같아요.	I think something good will happen today.
주말이니까 극장에 사람이 많을 것 같지요?	It's the weekend, so there will probably be many people at the theatre, don't you think so?

• For actions which are currently in progress or for customary actions, use -는 것 같다; for actions which are already completed or for states (which you would describe with a quality verb), use -(으)ㄴ 것 같다.

예: 밖에 비가 오는 것 같아요.	It seems to be raining outside.
두 사람이 서로 사랑하는 것	Those two seem to love each other.

같습니다.

그 사람은 걱정이 있는 것
같습니다.

어제 밤에 비가 온 것 같아요.

오늘은 가게 문을 닫은 것 같아요.

오늘은 기분이 좋은 것 같아요.

택시보다 지하철이 빠른 것
같아요.

That person seems to have some sort of worry.

It seems to have rained last night.

Today the stores seem to be closed.

Today he seems to be in a good mood.

The subway seems to be faster than a taxi.

7.3 G1   ㅎ **Verbs**

• Most of quality verb stems which end in ㅎ drop the ㅎ when followed by an ending beginning with a vowel or union vowel "으". Therefore, union vowel "으" which is to follow the consonant comes to be unnecessary. Particularly when a ㅎ-verb stem is followed by -아/어 the ㅎ drops and the final vowel -아/어 of the verb stem changes to 애.

빨갛다
빨갛 + ㄴ   → 빨간

어떻다
어떻 + ㄹ까요? → 어떨까요?

그렇다
그렇 + 면   → 그러면

• "좋다" does not go by this rule.

예: 어떤 색을 좋아합니까?

　　노란색을 싫어합니다.

　　그러면, 내일 만납시다.

　　까만 바지가 어떨까요?

Which color do you like?

He dislikes the color yellow.

In that case, let's meet tomorrow.

How about a pair of black trousers?

7.4 G1 -지 못하다

- This is a negative expression which attaches to verbs, and expresses the impossibility of the action due either to a lack of ability or to external forces.
- Whereas -지 않다 expresses wilful negation, -지 못하다 expresses negation unrelated to the will of the speaker and arising from circumstances beyond the control of the subject (see 3.3 G1, 3.3 G2).

예: 바빠서 쉬지 못해요.	I'm busy, so I can't rest.
열쇠가 없어서 들어가지 못하겠습니다.	I don't have the key, so I won't be able to go in.
입이 아파서 말을 하지 못합니다.	My mouth hurts, so I can't talk.

- Instead of -지 못하다, you can also use the pattern 못＋verb.

예: 매워서 못 먹겠어요.	It's so spicy I can't (won't be able to) eat it.
나는 요즘 그 친구 소식을 못 들었어요.	I haven't (been able to hear) heard anything from that friend lately.
신이 작아서 못 신어요.	The shoes are too small so I can't wear them.

7.5 G1 -(으)면

- This non-final ending attaches to verb stems to express the precondition ("if") for the action or state of the following clause.
- If the verb stem ends in a vowel, use -면. If the verb stem ends in a consonant, use -으면.

예: 값이 싸면 삽시다.   If the price is cheap, let's buy it.

서울에 도착하면 전화하겠습니다.   When (if) I arrive in Seoul, I'll call (you).

돈이 있으면 좀 빌려 주십시오.   If you have any money, please lend me
some.

모르는 것이 있으면 질문하십시오.   If there is anything you don't know, ask.

7. 5 G2 -(으)ㄹ 수 있다

• This form attaches to verb stems to indicate ability or possibility. If the verb stem ends
in a vowel, use -ㄹ 수 있다. If the verb stem ends in a consonant, use -을 수 있다.

• The negative of this expression is -(으)ㄹ 수 없다.

예: 나도 한국말을 할 수 있습니다.   I, too, can speak Korean.

내일은 한가하니까 갈 수 있어요.   I'm free tomorrow, so I can go.

한국 신문은 어려워서 읽을 수   Korean news papers are difficult, so I
없습니다.   can't read them.

길이 복잡해서 운전할 수   The roads are complicated, so I can't
없습니다.   drive.

여기서 좌회전을 할 수 있습니까?   Can one turn left here?

유형 연습

7.1 D1

(보기) 선 생 : 삼월입니다 / 꽃이 피겠어요.
　　　 학 생 : 삼월이니까 꽃이 필 거에요.

1) 선 생 : 겨울입니다 / 눈이 오겠어요.
　 학 생 : 겨울이니까 눈이 올 거에요.

2) 선 생 : 회의가 있습니다 / 김 선생이 오시겠어요.
　 학 생 : 회의가 있으니까 김 선생님이 오실 거에요.

3) 선 생 : 한국말을 처음 배웁니다 / 어렵겠어요.
　 학 생 : 한국말을 처음 배우니까 어려울 거에요.

4) 선 생 : 그분은 내일 한가합니다 / 집에 있겠어요.
　 학 생 : 그분은 내일 한가하니까 집에 있을 거에요.

5) 선 생 : 내일 시험을 봅니다 / 그분은 열심히 공부하겠어요.
　 학 생 : 내일 시험을 보니까 그분이 열심히 공부할 거에요.

7.1 D2

(보기) 선 생 : 꽃이 피겠어요?
　　　 학 생 : 꽃이 필까요?

1) 선 생 : 눈이 오겠어요?
　 학 생 : 눈이 올까요?

2) 선 생 : 김 선생님이 오시겠어요?
   학 생 : 김 선생님이 오실까요?

3) 선 생 : 한국말이 어렵겠어요?
   학 생 : 한국말이 어려울까요?

4) 선 생 : 한국 겨울이 춥겠어요?
   학 생 : 한국 겨울이 추울까요?

5) 선 생 : 김 선생님이 전화를 받겠어요?
   학 생 : 김 선생님이 전화를 받을까요?

7. 1   D3

(보기) 선 생 : 꽃이 필까요? (예 / 삼월입니다)
      학 생 : 예, 삼월이니까 꽃이 필 거에요.

1) 선 생 : 눈이 올까요? (예 / 겨울입니다)
   학 생 : 예, 겨울이니까 눈이 올 거에요.

2) 선 생 : 김 선생님이 오실까요? (예 / 회의가 있습니다)
   학 생 : 예, 회의가 있으니까 김 선생님이 오실 거에요.

3) 선 생 : 한국말이 어려울까요? (예 / 처음 배웁니다)
   학 생 : 예, 처음 배우니까 한국말이 어려울 거에요.

4) 선 생 : 성적이 좋을까요? (예 / 열심히 공부합니다)
   학 생 : 예, 열심히 공부하니까 성적이 좋을 거에요.

5) 선 생 : 학생들이 소풍을 갈까요? (예 / 날씨가 좋습니다)
   학 생 : 예, 날씨가 좋으니까 학생들이 소풍을 갈 거에요.

7. 1 D4

(보기) 선 생 : 친구가 네 시 비행기로 옵니다 / 공항에 나가요.
　　　 학 생 : 친구가 네 시 비행기로 오기 때문에 공항에 나가요.

1) 선 생 : 시간이 없습니다 / 숙제를 하지 않아요.
　 학 생 : 시간이 없기 때문에 숙제를 하지 않아요.

2) 선 생 : 한국말을 모릅니다 / 한국말을 배워요.
　 학 생 : 한국말을 모르기 때문에 한국말을 배워요.

3) 선 생 : 일요일입니다 / 한가해요.
　 학 생 : 일요일이기 때문에 한가해요.

4) 선 생 : 늦게 일어났습니다 / 학교에 늦었어요.
　 학 생 : 늦게 일어났기 때문에 학교에 늦었어요.

5) 선 생 : 사랑했습니다 / 결혼했어요.
　 학 생 : 사랑했기 때문에 결혼했어요.

7. 1 D5

(보기) 선 생 : 한국말 / 머리가 복잡해요.
　　　 학 생 : 한국말 때문에 머리가 복잡해요.

1) 선 생 : 숙제 / 시간이 없어요.
　 학 생 : 숙제 때문에 시간이 없어요.

2) 선 생 : 그 사람 / 머리가 아파요.
　 학 생 : 그 사람 때문에 머리가 아파요.

3) 선 생 : 돈 / 화가 났어요.
　 학 생 : 돈 때문에 화가 났어요.

4) 선 생 : 날씨 / 고생해요.
   학 생 : 날씨 때문에 고생해요.

5) 선 생 : 일 / 한국에 왔어요.
   학 생 : 일 때문에 한국에 왔어요.

7.1   D6

(보기) 선 생 : 왜 공항에 나가요? (친구가 네 시 비행기로 옵니다)
       학 생 : 친구가 네 시 비행기로 오기 때문에 공항에 나가요.

1) 선 생 : 왜 한국말을 배워요? (한국에서 일합니다)
   학 생 : 한국에서 일하기 때문에 한국말을 배워요.

2) 선 생 : 왜 숙제를 하지 않았어요? (시간이 없습니다)
   학 생 : 시간이 없기 때문에 숙제를 하지 않았어요.

3) 선 생 : 왜 학교에 늦었어요? (늦게 일어났습니다)
   학 생 : 늦게 일어났기 때문에 학교에 늦었어요.

4) 선 생 : 왜 화가 났어요? (동생)
   학 생 : 동생 때문에 화가 났어요.

5) 선 생 : 왜 바쁘세요? (일)
   학 생 : 일 때문에 바빠요.

7.2   D1

(보기) 선 생 : 숙제가 어렵습니다 / 같이 할까요?
       학 생 : 숙제가 어려운데 같이 할까요?

1) 선 생 : 피곤합니다 / 쉽시다.
   학 생 : 피곤한데 쉽시다.

2) 선 생 : 날씨가 좋습니다 / 걸을까요?
   학 생 : 날씨가 좋은데 걸을까요?

3) 선 생 : 이 음식이 맛이 있습니다 / 더 잡수세요.
   학 생 : 이 음식이 맛이 있는데 더 잡수세요.

4) 선 생 : 교통이 복잡합니다 / 일찍 떠나세요.
   학 생 : 교통이 복잡한데 일찍 떠나세요.

5) 선 생 : 비쌉니다 / 사지 맙시다.
   학 생 : 비싼데 사지 맙시다.

7.2 D2

(보기) 선 생 : 비가 옵니다 / 집에서 쉽시다.
       학 생 : 비가 오는데 집에서 쉽시다.

1) 선 생 : 학생들이 공부합니다 / 떠들지 마십시오.
   학 생 : 학생들이 공부하는데 떠들지 마십시오.

2) 선 생 : 저는 길을 잘 모릅니다 / 좀 가르쳐 주세요.
   학 생 : 저는 길을 잘 모르는데 좀 가르쳐 주세요.

3) 선 생 : 저녁 식사를 합니다 / 손님이 오셨어요.
   학 생 : 저녁 식사를 하는데 손님이 오셨어요.

4) 선 생 : 김 선생님은 가십니다 / 이 선생님은 안 가십니다.
   학 생 : 김 선생님은 가시는데 이 선생님은 안 가십니다.

5) 선 생 : 은행에 갑니다 / 같이 가시겠어요?
   학 생 : 은행에 가는데 같이 가시겠어요?

7.2 D3

(보기) 선 생 : 우산을 안 가지고 왔습니다 / 어떻게 하죠?
　　　　학 생 : 우산을 안 가지고 왔는데 어떻게 하죠?

1) 선 생 : 학교에 갔습니다 / 아무도 없었어요.
　　학 생 : 학교에 갔는데 아무도 없었어요.

2) 선 생 : 밥을 많이 먹었습니다 / 배가 부르지 않아요.
　　학 생 : 밥을 많이 먹었는데 배가 부르지 않아요.

3) 선 생 : 제가 불고기를 만들었습니다 / 맛이 없어요.
　　학 생 : 제가 불고기를 만들었는데 맛이 없어요.

4) 선 생 : 선물을 주었습니다 / 좋아하지 않아요.
　　학 생 : 선물을 주었는데 좋아하지 않아요.

5) 선 생 : 김 선생님께 연락을 했습니다 / 오시지 않았어요.
　　학 생 : 김 선생님께 연락을 했는데 오시지 않았어요.

7.2 D4

(보기) 선 생 : 우산을 안 가지고 왔는데 어떻게 하죠? (제 우산을
　　　　　　　가져 가세요)
　　　　학 생 : 그럼, 제 우산을 가져 가세요.

1) 선 생 : 밥을 많이 먹었는데 배가 부르지 않아요. (더 잡수세요)
　　학 생 : 그럼, 더 잡수세요.

2) 선 생 : 김 선생님께 전화했는데 오시지 않았어요. (다시 연락하세요)
　　학 생 : 그럼, 다시 연락하세요.

3) 선 생 : 돈이 없는데 어떻게 할까요? (친구한테 빌리세요)
   학 생 : 그럼, 친구한테 빌리세요.

4) 선 생 : 날씨가 추운데 외투가 없어요. (제 것을 입으세요)
   학 생 : 그럼, 제 것을 입으세요.

5) 선 생 : 이것이 너무 비싼데 어떻게 할까요? (사지 마세요)
   학 생 : 그럼, 사지 마세요.

7.2 D5

(보기) 선 생 : 비가 오겠습니다.
       학 생 : 비가 올 것 같습니다.

1) 선 생 : 오늘은 좋은 일이 있겠습니다.
   학 생 : 오늘은 좋은 일이 있을 것 같습니다.

2) 선 생 : 손님이 오시겠습니다.
   학 생 : 손님이 오실 것 같습니다.

3) 선 생 : 물건값이 오르겠습니다.
   학 생 : 물건값이 오를 것 같습니다.

4) 선 생 : 거기에는 사람이 많겠습니다.
   학 생 : 거기에는 사람이 많을 것 같습니다.

5) 선 생 : 내일은 날씨가 좋지 않겠습니다.
   학 생 : 내일은 날씨가 좋지 않을 것 같습니다.

7.2 D6

(보기) 선 생 : 바람이 부는군요! (예 / 좀 춥습니다)
       학 생 : 예, 좀 추운 것 같습니다.

1) 선 생 : 시험 문제가 어떻습니까? (아주 어렵습니다)
   학 생 : 아주 어려운 것 같습니다.

2) 선 생 : 휴일인데 극장에 갈까요? (사람이 많겠습니다)
   학 생 : 사람이 많을 것 같습니다.

3) 선 생 : 내일은 소풍갑니다. (날씨가 좋지 않겠습니다)
   학 생 : 날씨가 좋지 않을 것 같습니다.

4) 선 생 : 그 사람이 미국에 갔습니까? (예 / 미국에 갔습니다)
   학 생 : 예, 미국에 간 것 같습니다.

5) 선 생 : 김 선생님이 결혼했습니까? (아니오 / 결혼하지 않았습니다)
   학 생 : 아니오, 결혼하지 않은 것 같습니다.

7.3 D1

(보기) 선 생 : 빨갛습니다 / 단풍이 아름다운데요.
       학 생 : 빨간 단풍이 아름다운데요.

1) 선 생 : 노랗습니다 / 셔츠를 입었습니다.
   학 생 : 노란 셔츠를 입었습니다.

2) 선 생 : 파랗습니다 / 하늘 좀 보세요.
   학 생 : 파란 하늘 좀 보세요.

3) 선 생 : 어떻습니다 / 사람을 좋아합니까?
   학 생 : 어떤 사람을 좋아합니까?

4) 선 생 : 그렇습니다 / 말을 하지 마세요.
   학 생 : 그런 말을 하지 마세요.

5) 선 생 : 이렇습니다 / 옷은 어디에서 사셨습니까?
   학 생 : 이런 옷은 어디에서 사셨습니까?

7.3 D2

(보기) 선 생 : 하얀 옷을 좋아하십니까? (예)
　　　학 생 : 예, 하얀 옷을 좋아합니다.

1) 선 생 : 빨간 양말을 신었습니까? (예)
　 학 생 : 예, 빨간 양말을 신었습니다.

2) 선 생 : 파란 꽃이 있습니까? (예)
　 학 생 : 예, 파란 꽃이 있습니다.

3) 선 생 : 저런 사람을 좋아하십니까? (예)
　 학 생 : 예, 저런 사람을 좋아합니다.

4) 선 생 : 그런 음식이 맵습니까? (예)
　 학 생 : 예, 그런 음식이 맵습니다.

5) 선 생 : 이런 신발이 비쌉니까? (예)
　 학 생 : 예, 이런 신발이 비쌉니다.

7.3 D3

(보기) 선 생 : 저 그림 좀 보세요. (빨간 단풍이 아름답습니다)
　　　학 생 : 빨간 단풍이 아름다운데요.

1) 선 생 : 이 자동차가 어때요? (매우 빠릅니다)
　 학 생 : 매우 빠른데요.

2) 선 생 : 이 애기가 예쁘지요? (예 / 예쁩니다)
　 학 생 : 예, 예쁜데요.

3) 선 생 : 저 학생이 운동을 잘 하지요? (예 / 잘합니다)
　 학 생 : 예, 잘 하는데요.

4) 선 생 : 눈이 많이 내리는군요. (참 멋있습니다)
   학 생 : 참 멋있는데요.

5) 선 생 : 저분을 아십니까? (아니오 / 모릅니다)
   학 생 : 아니오, 모르는데요.

7.4   D1

(보기) 선 생 : 갑니다.
       학 생 : 가지 못합니다.

1) 선 생 : 한자를 읽습니다.
   학 생 : 한자를 읽지 못합니다.

2) 선 생 : 한국말을 잘 합니다.
   학 생 : 한국말을 잘 하지 못합니다.

3) 선 생 : 하와이에 들렀습니다.
   학 생 : 하와이에 들르지 못했습니다.

4) 선 생 : 약속을 지켰습니다.
   학 생 : 약속을 지키지 못했습니다.

5) 선 생 : 6급까지 하겠습니다.
   학 생 : 6급까지 하지 못하겠습니다.

7.4   D2

(보기) 선 생 : 한국 신문을 읽습니까? (아니오)
       학 생 : 아니오, 한국 신문을 읽지 못합니다.

선 생 : 왜 읽지 못합니까? (한자를 모릅니다)
학 생 : 한자를 몰라서 읽지 못합니다.

1) 선 생 : 한국말을 잘 합니까? (아니오)
   학 생 : 아니오, 한국말을 잘 하지 못합니다.
   선 생 : 왜 잘 하지 못합니까? (1급입니다)
   학 생 : 1급이어서 잘 하지 못합니다.

2) 선 생 : 하와이에 들렀습니까? (아니오)
   학 생 : 아니오, 하와이에 들르지 못했습니다.
   선 생 : 왜 들르지 못했습니까? (바쁩니다)
   학 생 : 바빠서 들르지 못했습니다.

3) 선 생 : 약속을 지켰습니까? (아니오)
   학 생 : 아니오, 약속을 지키지 못했습니다.
   선 생 : 왜 지키지 못했습니까? (다른 일이 생겼습니다)
   학 생 : 다른 일이 생겨서 지키지 못했습니다.

4) 선 생 : 어제 밤에 잘 잤습니까? (아니오)
   학 생 : 아니오, 어제 밤에 잘 자지 못했습니다.
   선 생 : 왜 잘 자지 못했습니까? (시끄럽습니다)
   학 생 : 시끄러워서 잘 자지 못했습니다.

5) 선 생 : 제시간에 도착하겠습니까? (아니오)
   학 생 : 아니오, 제시간에 도착하지 못하겠습니다.
   선 생 : 왜 도착하지 못하겠습니까? (교통이 복잡합니다)
   학 생 : 교통이 복잡해서 도착하지 못하겠습니다.

7.4 D3

(보기) 선 생 : 자지 못합니다.
       학 생 : 못 잡니다.

1) 선 생 : 한자를 읽지 못합니다.
   학 생 : 한자를 못 읽습니다.

2) 선 생 : 한국말을 잘 하지 못합니다.
   학 생 : 한국말을 잘 못합니다.

3) 선 생 : 하와이에 들르지 못했습니다.
   학 생 : 하와이에 못 들렀습니다.

4) 선 생 : 약속을 지키지 못했습니다.
   학 생 : 약속을 못 지켰습니다.

5) 선 생 : 6급까지 공부하지 못하겠습니다.
   학 생 : 6급까지 공부 못 하겠습니다.

7.4   D4

(보기) 선 생 : 왜 더 잡수시지 않습니까? (배가 부릅니다)
       학 생 : 배가 불러서 먹지 않습니다.

1) 선 생 : 왜 그 사람을 만나지 않습니까? (싫습니다)
   학 생 : 싫어서 만나지 않습니다.

2) 선 생 : 왜 가지 않습니까? (피곤합니다)
   학 생 : 피곤해서 가지 않습니다.

3) 선 생 : 왜 그 버스를 타지 않았습니까? (만원입니다)
   학 생 : 만원이어서 타지 않았습니다.

4) 선 생 : 왜 그 옷을 사지 않았습니까? (비쌉니다)
   학 생 : 비싸서 사지 않았습니다.

5) 선 생 : 왜 그것을 사지 않겠습니까? (필요하지 않습니다)
   학 생 : 필요하지 않아서 사지 않겠습니다.

7.5 D1

(보기) 선 생 : 하얀 눈이 쌓입니다 / 더 아름답습니다.
　　　학 생 : 하얀 눈이 쌓이면 더 아름답습니다.

1) 선 생 : 시간이 없습니다 / 가지 마십시오.
　 학 생 : 시간이 없으면 가지 마십시오.

2) 선 생 : 고향에 갑니다 / 친구를 만나겠습니다.
　 학 생 : 고향에 가면 친구를 만나겠습니다.

3) 선 생 : 시간이 없습니다 / 가지 마십시오.
　 학 생 : 시간이 없으면 가지 마십시오.

4) 선 생 : 방학이 됩니다 / 여행을 하겠습니다.
　 학 생 : 방학이 되면 여행을 하겠습니다.

5) 선 생 : 그분이 한가합니다 / 만나겠습니다.
　 학 생 : 그분이 한가하면 만나겠습니다.

7.5 D2

(보기) 선 생 : 모르는 것이 많은데 어떻게 할까요? (질문하십시오)
　　　학 생 : 모르는 것이 많으면 질문하십시오.

1) 선 생 : 시간이 없는데 어떻게 할까요? (가지 마십시오)
　 학 생 : 시간이 없으면 가지 마십시오.

2) 선 생 : 고향에 가는데 뭘 가지고 갈까요? (인삼을 가지고 가십시오)
　 학 생 : 고향에 가면 인삼을 가지고 가십시오.

3) 선 생 : 할 일이 많은데 어떻게 할까요? (제가 도와 드리겠습니다)
　 학 생 : 할 일이 많으면 제가 도와 드리겠습니다.

4) 선 생 : 비가 오는데 어떻게 할까요? (집에서 쉽시다)
   학 생 : 비가 오면 집에서 쉽시다.

5) 선 생 : 배가 고픈데 어떻게 할까요? (식당에 갑시다)
   학 생 : 배가 고프면 식당에 갑시다.

7.5   D3

(보기) 선 생 : 돈이 있습니다 / 여행을 합니다.
      학 생 : 돈이 있으면 여행을 할 수 있습니다.

1) 선 생 : 시간이 있습니다 / 갑니다.
   학 생 : 시간이 있으면 갈 수 있습니다.

2) 선 생 : 한자를 압니다 / 한국 신문을 읽습니다.
   학 생 : 한자를 알면 한국 신문을 읽을 수 있습니다.

3) 선 생 : 아주 예쁩니다 / 미스 코리아가 됩니다.
   학 생 : 아주 예쁘면 미스 코리아가 될 수 있습니다.

4) 선 생 : 그것이 쌉니다 / 삽니다.
   학 생 : 그것이 싸면 살 수 있습니다.

5) 선 생 : 지금 갑니다 / 비행기를 탑니다.
   학 생 : 지금 가면 비행기를 탈 수 있습니다.

7.5   D4

(보기) 선 생 : 여행을 할 수 있습니까? (아니오 / 바쁩니다)
      학 생 : 아니오, 바빠서 할 수 없습니다.

1) 선 생 : 한국 신문을 읽을 수 있습니까? (아니오 / 한자를 모릅니다)
    학 생 : 아니오, 한자를 몰라서 읽을 수 없습니다.

2) 선 생 : 주말에도 일할 수 있습니까? (아니오 / 피곤합니다)
    학 생 : 아니오, 피곤해서 일할 수 없습니다.

3) 선 생 : 뉴스를 들으면 이해할 수 있습니까? (아니오 / 말이 빠릅니다)
    학 생 : 아니오, 말이 빨라서 이해할 수 없습니다.

4) 선 생 : 요즘 설악산에 가면 단풍을 볼 수 있습니까?
             (아니오 / 이릅니다)
    학 생 : 아니오, 일러서 볼 수 없습니다.

5) 선 생 : 그 방에 사람들이 다 들어갈 수 있습니까? (아니오 / 좁습니다)
    학 생 : 아니오, 좁아서 다 들어갈 수 없습니다.

제 8 과

몇 번에 거셨습니까?

1

미　선 : 여보세요. 김미선이에요.

죤　슨 : 안녕하십니까? 미선 씨.

미　선 : 내일 시간이 있으면 영화 구경 갑시다.

죤　슨 : 예, 내일은 한가하니까 갈 수 있습니다.

미　선 : 그러면 오후 6시에 학교 앞 다방에서 만나요.

죤　슨 : 그럽시다. 그럼

내일	tomorrow	영화	movie	한가하다	to be not busy, free, leisure
그러면	well then, and so	앞	in front of	다방	tea room

2

죤　슨 : 김미선 씨 좀 부탁합니다.

부탁하다　　　to ask a favour of

할아버지 :   예? 여보세요, 잘 안 들려요.

존　슨 :   미안하지만, 김미선 씨 좀 대 주세요.

할아버지 :   몇 번에 거셨습니까?

존　슨 :   361-0131번 아니에요?　　`ʹ-ʺ`

할아버지 :   아닙니다. 잘못 거셨습니다.

들리다   to be heard   대다   to get in touch with   걸다   to dial
잘못 걸다 to dial the wrong number

3

존슨 씨는 일이 생겨서 약속을 취소한다.

존　슨 :   여보세요, 김미선 씨 계십니까?

미　선 :   바로 전데요. 누구십니까?

존　슨 :   톰 존슨입니다. 죄송하지만 내일은 약속을 지키지
　　　　　못하겠습니다

미　선 :   무슨 일이 있어요?

존　슨 :   급한 일이 생겨서 대사관에 가려고 합니다.

미　선 :   그러면 시간이 있을 때 연락하세요.

바로   just right   죄송하다 to be sorry   약속   appointment
지키다   to keep   급하다   to be urgent   대사관   embassy
연락하다   to get in touch with 때   when

4

아 이 : 연희동입니다. 누굴 찾으세요?

죤 슨 : 죄송하지만 김미선 씨 좀 바꾸어 주세요.

아 이 : 집에 안 계신데요.

죤 슨 : 언제 돌아오십니까?

아 이 : 한 시간 후에 돌아오실 거에요.

죤 슨 : 그럼, 그때 다시 걸겠습니다.

| 바꾸다 | to change | 후에 | later | 돌아오다 | to come back |
| 다시 | again | | | | |

5

죤슨은 한국말을 배우고 있습니다.

이제는 한국말을 좀 합니다.

그러나 전화가 오면 겁이 납니다.

듣기도 어렵고 말하기도 어렵습니다.

잘 듣지 못하니까 대답할 수 없습니다.

| 겁이 나다 | to be frightened | 듣기 | hearing | 말하기 | speaking |
| 대답하다 | to answer | | | | |

그러나 미선 씨한테서 오는 전화는 받기가 쉽습니다.

미선 씨는 말을 천천히 하기 때문입니다.

천천히   slowly

Lesson 8

What number did you dial?

1

Ms. Kim   :   Hello, this is Kim Mi-Sun.

Mr. Johnson :   Hello, Ms. Kim.

Ms. Kim   :   Let's go see a movie tomorrow if you have time.

Mr. Johnson :   Yes, I'm not busy tomorrow, so I can go.

Ms. Kim   :   Then let's meet at 6:00 at the coffee house in front of school.

Mr. Johnson :   O.K.

2

Mr. Johnson :   I'd like to talk to Ms. Kim.

Old man   :   I'm sorry? Hello? I can't hear well.

Mr. Johnson :   Excuse me, but may I talk to Ms. Kim?

Old man   :   What number did you dial?

Mr. Johnson :   Isn't this 361-0131?

Old man   :   No, you have the wrong number.

3

Mr. Johnson has to cancel his date because something has come up.

Mr. Johnson :   Hello, is Ms. Kim home?

Ms. Kim   :   This is she. Who is this?

Mr. Johnson	:	This is Tom Johnson. I'm sorry, but I can't keep my date for tomorrow.
Ms. Kim	:	What's the matter? Is anything wrong?
Mr. Johnson	:	I have to go to the embassy because of some urgent matters.
Ms. Kim	:	Then, call me when you have time.

4

Child	:	This is Yonhi-dong. Who do you want to talk to?
Mr. Johnson	:	Excuse me, but may I talk to Ms. Kim?
Child	:	She's not in now.
Mr. Johnson	:	When will she be back?
Child	:	She'll be back in an hour.
Mr. Johnson	:	I'll call back then.

5

Mr. Johnson is learning Korean.

He can speak Korean a little now.

But he gets frightened when the phone rings.

It's hard to listen and speak on the phone.

He can't answer because he can't listen well.

But, it's easy to receive Mi-Sun's calls.

That's because Mi-Sun speaks slowly.

문 법

8. 1 G1 그러면

• A conjunction which links one sentence to another (English "in that case; if that is so; so"), this is from 그렇다 + -(으)면. The meaning is the same as -(으)면, i.e. it expresses the condition or prerequisite for some subsequent action.

예: 피곤합니다. 그러면 쉽니다.   I am tired. So I rest.

    단어를 모릅니다. 그러면   I don't know a word. So I look
    사전을 봅니다.   it up in the dictionary

    고향 생각이 납니다.   I think of (my) home (-town).
    그러면 전화를 합니다.   So I telephone.

• In conversation it is used as follows.

예: 김 선생: 내일은 집에서 쉽니다.   *Mr. Kim* : Tomorrow I am resting
        at home.

    박 선생: 그러면 우리집에   *Mr. Pak* : In that case, please
        오십시오.   come to my place.

    김 선생: 오늘은 아주 바쁩니다.   *Mr. Kim* : Today I'm very busy.

    박 선생: 그러면 내일은 어떠세요? *Mr. Pak* : In that case, how about
        tomorrow?

    김 선생: 이것은 500원짜리   *Mr. Kim* : This one costs 500 won?
        입니까?

    박 선생: 그러면 저것은 얼마   *Mr. Pak* : Then how much is that one?
        입니까?

8. 1 G2   -지 말다

• This attaches to action verb stems to form negative commands and negative suggestions.

	Affirmative	Negative
Imperative	- (으)십시오	- 지 마십시오
Suggestion	- (으)십시다	- 지 맙시다.

(see 3.4 G1)

예: 창문을 닫을까요?   Shall I shut the window?
   예, 닫으십시오.   Yes, please shut it.
   아니오, 닫지 마십시오.   No, don't shut it.
   다시 설명할까요?   Shall I explain it again?
   예, 다시 설명하십시오.   Yes, please explain again.
   아니오, 다시 설명하지 마십시오.   No, don't explain it again.
   내일 모일까요?   Shall we meet tomorrow?
   예, 내일 모입시다.   Yes, let's meet tomorrow.
   아니오, 내일 모이지 맙시다.   No, let's not meet tomorrow
   택시를 부를까요?   Shall we call a taxi?
   예, 택시를 부릅시다.   Yes, let's call a taxi.
   아니오, 택시를 부르지 맙시다.   No, let's not call a taxi.

8. 2 G1   -지만

• This conjunctive ending attaches to a verb base and has the function of affirming or admitting the action or state of the preceding clause, but implying something opposite or countervailing in the following clause (English "but").

예: 값은 비싸지만 물건이 좋아요.　　It is expensive, but good.

바람은 불지만 비는 안 와요.　　The wind is blowing, but it isn't raining.

주소는 모르지만 전화번호는　　I don't know the address, but I
압니다.　　know the phone number.

부자(이)지만 돈을 안 써요.　　She is rich, but she doesn't spend
her money.

약을 먹었지만 낫지 않아요.　　I took the medicine, but I'm not
getting better.

8. 2 G2　Negative Questions

• Negative questions are used either to reconfirm a fact that the speaker already knows or to express an emphatic positive.

• For verbs, attach -지 않습니까? and for nouns, attach -이/가 아닙니까?

예: 국이 좀 짜지 않습니까?　　Isn't the soup a bit salty?

가방이 무겁지 않아요?　　Isn't your bag heavy?

수업 시간에 늦지 않았습니까?　　Weren't you late for class?

여기가 연세대학교(가) 아닙니까?　Isn't this Yonsei university?

저분은 김영수 선생님(이) 아니　　Isn't that person Mr. Kim Young soo?
십니까?

8. 3 G1　-(으)려고 하다

• This pattern attaches to action verb stems and expresses a plan or intention. Verb stems ending in a vowel take -려고 하다, and verb stems ending in a consonant take -으려고 하다.

예: 내일 대사관에 가려고 합니다.   Tomorrow I intend to go to the embassy.

오후 몇 시에 출발하려고 합니까?   At what time (in the afternoon) do you
                                               intend to set off?

도서관에 가서 책을 읽으려고   I intend to go to the library and read
합니다.   a book.

기차가 떠나려고 해요.   The train is about to leave.

우리 아들은 의사가 되려고   Our son intends to become a doctor.
합니다.

8. 3 G2 -(으)ㄹ 때

• This ending attaches to a verb stem and indicates the time when the action occurs.
Verb stem ending in a vowel take -ㄹ때, and verb stems ending in a consonant take
-을 때.

예: 한국에 올 때 비행기로 왔어요.   When I came to Korea, I came by airplane.

저녁을 먹을 때 손님이 오셨어요.   When we were eating supper, a visitor
                                               came.

버스를 탈 때 조심하세요.   Be careful when you get on the bus.

제가 집에 없을 때 전화를   Oh, you telephoned when I wasn't home
하셨군요.   (I see).

공항에 도착했을 때는   When we arrived at the airport it was
밤이었어요.   night.

• There are also cases like the following when you can attach 때 to a noun:

예: 점심 때   lunch time
    저녁 때   supper time

시험 때	exam time
방학 때	vacation time
졸업 때	graduation time
명절 때	festival time
크리스마스 때	Christmas time
추석 때	Harvest Moon time (Thanksgiving)

8.4 G1 -(으)ㄴ 후에

• This ending attaches to an action verb stem to indicate the finishing of the action of the first clause (English "after") and the subsequent action of the second clause. Verb stem ending in a vowel take -ㄴ 후에, and verb stems ending in a consonant take -은 후에.

예: 학교를 졸업한 후에 뭘 하시겠어요? — What will you do after you graduate from school?

식사한 후에 차를 마십시다. — Let's drink tea after eating.

내 말을 들은 후에 질문하세요. — Ask questions after you've heard me out.

책을 다 읽은 후에 독후감을 쓰세요. — Please write a book report ("Your impressions after reading") after reading the book.

• After nouns, you may not use the modifier -(으)ㄴ, and instead use only 후에.

예: 사장님은 한 시간 후에 돌아오실 거에요. — The boss ("company president") will return in ("after") an hour.

30분 후에 다시 걸겠어요. — I'll telephone again in ("after") 30 minutes.

퇴근 후에 한잔합니다. — I have a drink after getting off work.

일 년 후에 결혼하겠어요. — I'll get married in ("after") a year.

8.5 G1   -한테서 / 에게서

• These auxiliary particles are used after animate nouns to mean "from," and are completely interchangeable.

예: 김 선생님에게서 전화가 자주 옵니다.	We get phone calls from Mr. Kim often.
어머님한테서 그 이야기를 들었습니다.	I heard that story from my mother.
친구한테서 생일 선물을 받았습니다.	I received a birthday present from my friend
한국 사람한테서 초대를 받았습니다.	I received an invitation from a Korean (to his house).
선배한테서 책을 빌렸습니다.	I borrowed a book from my school senior.

• If the noun indicates an inanimate object, use the particle -에서.

예: 고향에서 좋은 소식이 왔어요.	Good news has come in from my hometown.
사무실에서 연락을 받았습니다.	I received word from the office. / I was contacted by the office.

8.5 G2   -고 있다.

• This attaches to action verb stems to indicate that action is currently in progress.

• If you wish to exalt the subject, use -고 계시다 (recall that 계시다 is the honorific equivalent of 있다.)

예: 이 방은 언니가 쓰고 있어요.   My older sibling is using this room.

친구가 지금 다방에서 기다리고 있어요.

My friend is now waiting (for me) in a tabang.

무엇을 생각하고 있어요?

What are you thinking?

부모님은 미국 뉴욕에서 살고 계세요.

My parents are living in New York, USA.

아버지는 손님하고 이야기하고 계십니다.

Father is talking with the guest(s).

유형 연습

8.1   D1

(보기) 선 생 : 지금 내가 아주 바쁩니다. (이따가 오겠습니다)
　　　　학 생 : 그러면, 이따가 오겠습니다.

1) 선 생 : 지금 밖에 비가 오는군요. (우산을 가져 가십시오)
　　학 생 : 그러면, 우산을 가져 가십시오.

2) 선 생 : 저 버스에는 사람이 많군요. (지하철을 탑시다)
　　학 생 : 그러면, 지하철을 탑시다.

3) 선 생 : 저는 배가 고프군요. (먼저 잡수십시오)
　　학 생 : 그러면, 먼저 잡수십시오.

4) 선 생 : 나는 매운 음식을 못 먹습니다. (다른 것을 잡수세요)
　　학 생 : 그러면, 다른 것을 잡수세요.

5) 선 생 : 이건 너무 비쌉니다. (저건 어떻습니까?)
　　학 생 : 그러면, 저건 어떻습니까?

8.1   D2

(보기) 선 생 : 내일은 한가한데 영화 구경 갈까요? (예)
　　　　학 생1 : 예, 영화 구경 갑시다. (아니오)
　　　　학 생2 : 아니오, 영화 구경 가지 맙시다.

1) 선 생 : 추우니까 문을 닫을까요? (예)

학 생1 : 예, 문을 닫읍시다. (아니오)

학 생2 : 아니오, 문을 닫지 맙시다.

2) 선 생 : 시험이 끝났으니까 놀까요? (예)

학 생1 : 예, 놉시다. (아니오)

학 생2 : 아니오, 놀지 맙시다.

3) 선 생 : 김 선생님 댁이 먼데 가시겠어요? (예)

학 생1 : 예, 갑시다. (아니오)

학 생2 : 아니오, 가지 맙시다.

4) 선 생 : 내일 학교에 갈까요? (예)

학 생1 : 예, 학교에 갑시다. (아니오)

학 생2 : 아니오, 학교에 가지 맙시다.

5) 선 생 : 교통이 복잡한데 택시를 탈까요? (예)

학 생1 : 예, 택시를 탑시다. (아니오)

학 생2 : 아니오, 택시를 타지 맙시다.

8. 1 D3

(보기) 선 생 : 내일은 바쁘니까 갈 수 없습니다.

학 생 : 내일 바쁘면 가지 마십시오.

1) 선 생 : 사람이 많아서 버스를 탈 수 없습니다.

학 생 : 사람이 많으면 버스를 타지 마십시오.

2) 선 생 : 매워서 먹을 수 없습니다.

학 생 : 매우면 잡수시지 마십시오.

3) 선 생 : 멀어서 갈 수 없습니다.

학 생 : 멀면 가지 마십시오.

4) 선 생 :   힘이 없어서 들 수 없습니다.
   학 생 :   힘이 없으면 들지 마십시오.

5) 선 생 :   다른 약속이 있어서 기다릴 수 없습니다.
   학 생 :   다른 약속이 있으면 기다리지 마십시오.

8.2   D1

(보기) 선 생 :   미안합니다 / 김미선 씨 좀 대 주세요.
       학 생 :   미안하지만 김미선 씨 좀 대 주세요.

1) 선 생 :   실례입니다 / 몇 살이에요?
   학 생 :   실례지만 몇 살이에요?

2) 선 생 :   한국말은 어렵습니다 / 재미있어요.
   학 생 :   한국말은 어렵지만 재미있어요.

3) 선 생 :   값은 비쌉니다 / 질이 좋아요.
   학 생 :   값은 비싸지만 질이 좋아요.

4) 선 생 :   그 음식을 먹습니다 / 좋아하지 않아요.
   학 생 :   그 음식을 먹지만 좋아하지 않아요.

5) 선 생 :   날마다 만납니다 / 이름을 몰라요.
   학 생 :   날마다 만나지만 이름을 몰라요.

6) 선 생 :   몸이 아픕니다 / 회사에 가요.
   학 생 :   몸이 아프지만 회사에 가요.

8.2   D2

(보기) 선 생 :   여기가 연세대학교에요?
       학 생 :   여기가 연세대학교가 아니에요?

1) 선 생 : 저분이 미국 사람이에요?
   학 생 : 저분이 미국 사람이 아니에요?

2) 선 생 : 그분이 우리 학교 학생이에요?
   학 생 : 그분이 우리 학교 학생이 아니에요?

3) 선 생 : 지금 12시에요?
   학 생 : 지금 12시가 아니에요?

4) 선 생 : 이게 한국에서 만든 물건이에요?
   학 생 : 이게 한국에서 만든 물건이 아니에요?

5) 선 생 : 오늘이 토요일이에요?
   학 생 : 오늘이 토요일이 아니에요?

8.2 D3

(보기) 선 생 : 392-0131번 아니에요? (392-0132번)
       학 생 : 예, 392-0131번이 아닙니다. 여기는 392-0132입니다.

1) 선 생 : 지금 12시가 아니에요? (12시 반)
   학 생 : 예, 지금 12시가 아닙니다. 12시 반입니다.

2) 선 생 : 저분이 미국 사람이 아니에요? (영국 사람)
   학 생 : 예, 저분이 미국 사람이 아닙니다. 영국 사람입니다.

3) 선 생 : 그분이 우리 학교 학생이 아니에요? (다른 학교 학생)
   학 생 : 예, 그분이 우리 학교 학생이 아닙니다. 다른 학교 학생입니다.

4) 선 생 : 오늘이 토요일이 아니에요? (금요일)
   학 생 : 예, 오늘이 토요일이 아닙니다. 금요일입니다.

5) 선 생 :   이게 여기서 만든 물건이 아니에요? (외국에서 만든 것)

   학 생 :   예, 이게 여기서 만든 물건이 아닙니다. 외국에서 만든 것입
   니다.

8.2 D4

(보기) 선 생 :   이따가 맥주를 마시러 갑시다. (맥주는 비쌉니다)

   학 생 :   맥주는 비싸지 않아요?

1) 선 생 :   월요일 아침에 만납시다. (월요일 아침에는 바쁩니다)

   학 생 :   월요일 아침에는 바쁘지 않아요?

2) 선 생 :   저는 일본 사람이지만 김치를 잘 먹습니다. (김치는 맵습니다)

   학 생 :   김치는 맵지 않아요?

3) 선 생 :   한자를 쓰면 재미있습니다. (한자는 어렵습니다)

   학 생 :   한자는 어렵지 않아요?

4) 선 생 :   주말에도 일을 합니다. (주말에도 일을 하면 피곤합니다)

   학 생 :   주말에도 일을 하면 피곤하지 않아요?

5) 선 생 :   혼자 사는 것이 좋습니다. (혼자 살면 외롭습니다)

   학 생 :   혼자 살면 외롭지 않아요?

8.3 D1

(보기) 선 생 :   내일은 대사관에 가겠습니다.

   학 생 :   내일은 대사관에 가려고 합니다.

1) 선 생 :   다음 달부터 영어 공부를 하겠습니다.

   학 생 :   다음 달부터 영어 공부를 하려고 합니다.

2) 선 생 : 1시에 떠나겠습니다.
   학 생 : 1시에 떠나려고 합니다.

3) 선 생 : 유행가를 듣겠습니다.
   학 생 : 유행가를 들으려고 합니다.

4) 선 생 : 의사가 되겠습니다.
   학 생 : 의사가 되려고 합니다.

5) 선 생 : 병원에 가겠습니다.
   학 생 : 병원에 가려고 합니다.

8. 3 D2

(보기) 선 생 : 왜 대사관에 가려고 합니까? (급한 일이 생겨서)
       학 생 : 급한 일이 생겨서 가려고 합니다.

1) 선 생 : 왜 영어 공부를 합니까? (영어를 몰라서)
   학 생 : 영어를 몰라서 하려고 합니다.

2) 선 생 : 왜 유행가를 들으려고 합니까? (심심해서)
   학 생 : 심심해서 들으려고 합니다.

3) 선 생 : 왜 병원에 가려고 합니까? (몸이 아파서)
   학 생 : 몸이 아파서 가려고 합니다.

4) 선 생 : 왜 고향에 전화하려고 합니까? (궁금해서)
   학 생 : 궁금해서 전화하려고 합니다.

5) 선 생 : 왜 숙제를 하지 않으려고 합니까? (바빠서)
   학 생 : 바빠서 하지 않으려고 합니다.

8.3 D3

(보기) 선 생 : 점심 때가 되었습니까? (예)
　　　 학 생 : 예, 점심 때가 되었습니다.

1) 선 생 : 저녁 때 만날까요? (예)
　 학 생 : 예, 저녁 때 만납시다.

2) 선 생 : 시험 때는 바쁩니까? (예)
　 학 생 : 예, 시험 때는 바쁩니다.

3) 선 생 : 방학 때 여행 가십니까? (예)
　 학 생 : 예, 방학 때 여행 갑니다.

4) 선 생 : 크리스마스 때 친구에게 카드를 보냅니까? (예)
　 학 생 : 예, 크리스마스 때 친구에게 카드를 보냅니다.

5) 선 생 : 졸업 때 파티를 하겠습니까? (예)
　 학 생 : 예, 졸업 때 파티를 하겠습니다.

8.3 D4

(보기) 선 생 : 시간이 있습니다 / 연락하세요.
　　　 학 생 : 시간이 있을 때 연락하세요.

1) 선 생 : 시간이 있습니다 / 우리집에 오세요.
　 학 생 : 시간이 있을 때 우리집에 오세요.

2) 선 생 : 학교에 옵니다 / 지하철로 옵니다.
　 학 생 : 학교에 올 때 지하철로 옵니다.

3) 선 생 : 버스를 탑니다 / 조심하세요.
   학 생 : 버스를 탈 때 조심하세요.

4) 선 생 : 아주 바쁩니다 / 친구를 부릅니다.
   학 생 : 아주 바쁠 때 친구를 부릅니다.

5) 선 생 : 한국에 옵니다 / 비행기로 왔습니다.
   학 생 : 한국에 올 때 비행기로 왔습니다.

8.4 D1

(보기) 선 생 : 그분은 언제 돌아오십니까? (한 시간)
       학 생 : 한 시간 후에 돌아오십니다.

1) 선 생 : 집에 몇 시에 돌아가십니까? (1시간)
   학 생 : 1시간 후에 집에 돌아갑니다.

2) 선 생 : 몇 시에 만날까요? (30분)
   학 생 : 30분 후에 만납시다.

3) 선 생 : 그 일을 언제 시작하려고 하십니까? (두 주일)
   학 생 : 두 주일 후에 시작하려고 합니다.

4) 선 생 : 고향에 언제 가시겠습니까? (석 달)
   학 생 : 석 달 후에 가겠습니다.

5) 선 생 : 언제 결혼하시겠습니까? (2년)
   학 생 : 2년 후에 결혼하겠습니다.

8.4 D2

(보기) 선 생 : 학교를 졸업합니다 / 무엇을 하시겠어요?
　　　 학 생 : 학교를 졸업한 후에 무엇을 하시겠어요?

1) 선 생 : 식사합니다 / 차를 마실까요?
　 학 생 : 식사한 후에 차를 마실까요?

2) 선 생 : 차를 마십니다 / 얘기합시다.
　 학 생 : 차를 마신 후에 얘기합시다.

3) 선 생 : 잘 듣습니다 / 대답하십시오.
　 학 생 : 잘 들은 후에 대답하십시오.

4) 선 생 : 책을 읽습니다 / 말씀해 주세요.
　 학 생 : 책을 읽은 후에 말씀해 주세요.

5) 선 생 : 이번 학기가 끝납니다 / 시작합시다.
　 학 생 : 이번 학기가 끝난 후에 시작합시다.

8.4 D3

(보기) 선 생 : 언제 돌아오실까요? (수업이 끝납니다)
　　　 학 생 : 수업이 끝난 후에 돌아오실 거에요.

1) 선 생 : 과일을 잡수시겠습니까? (식사합니다)
　 학 생 : 식사한 후에 먹겠습니다.

2) 선 생 : 언제 책을 돌려 주시겠습니까? (다 읽습니다)
　 학 생 : 다 읽은 후에 돌려 드리겠습니다.

3) 선 생 : 운전을 배우시겠습니까? (이번 학기가 끝납니다)
　 학 생 : 이번 학기가 끝난 후에 배우겠습니다.

4) 선 생 : 그분에게 이야기 할까요? (제가 떠납니다)
   학 생 : 제가 떠난 후에 이야기하십시오.

5) 선 생 : 김 선생 댁에 같이 갈까요? (전화를 겁니다)
   학 생 : 전화를 건 후에 갑시다.

8.5 D1

(보기) 선 생 : 죤슨은 요즘 한국말을 배웁니다.
       학 생 : 죤슨은 요즘 한국말을 배우고 있습니다.

1) 선 생 : 선생님은 지금 무엇을 합니까?
   학 생 : 선생님은 지금 무엇을 하고 있습니까?.

2) 선 생 : 무슨 생각을 그렇게 하세요?
   학 생 : 무슨 생각을 그렇게 하고 있습니까?

3) 선 생 : 집에서 누가 기다립니까?
   학 생 : 집에서 누가 기다리고 있습니까?

4) 선 생 : 그분이 누구하고 이야기합니까?
   학 생 : 그분이 누구하고 이야기하고 있습니까?

5) 선 생 : 지금 무엇을 봅니까?
   학 생 : 지금 무엇을 보고 있습니까?

8.5 D2

(보기) 선 생 : 요즘 한국말을 배우고 있습니까? (예)
       학 생 : 예, 요즘 한국말을 배우고 있습니다.

1) 선 생 : 부모님께 편지를 쓰고 있습니까? (예)
   학 생 : 예, 부모님께 편지를 쓰고 있습니다.

2) 선 생 : 고향 생각을 하고 있습니까? (예)
   학 생 : 예, 고향 생각을 하고 있습니다.

3) 선 생 : 그 사람은 아직도 자고 있습니까? (예)
   학 생 : 예, 그 사람은 아직도 자고 있습니다.

4) 선 생 : 김 선생님은 지금 교실에서 가르치고 계십니까? (예)
   학 생 : 예, 김 선생님은 지금 교실에서 가르치고 계십니다.

5) 선 생 : 부모님은 지금도 시골에서 살고 계십니까? (예)
   학 생 : 예, 부모님은 지금도 시골에서 살고 계십니다.

8.5   D3

(보기) 선 생 : 미선 씨 / 전화가 왔습니다.
       학 생 : 미선 씨한테서 전화가 왔습니다.

1) 선 생 : 친구 / 카드가 왔습니다.
   학 생 : 친구한테서 카드가 왔습니다.

2) 선 생 : 부모님 / 편지가 왔습니다.
   학 생 : 부모님한테서 편지가 왔습니다.

3) 선 생 : 동생 / 전보가 왔습니다.
   학 생 : 동생한테서 전보가 왔습니다.

4) 선 생 : 여자 친구 / 선물을 받았습니다.
   학 생 : 여자 친구한테서 선물을 받았습니다.

5) 선 생 : 회사 사장님 / 연락을 받았습니다.
   학 생 : 회사 사장님한테서 연락을 받았습니다.

8.5 D4

(보기) 선 생 : 누구한테서 전화가 왔습니까? (미선 씨)
       학 생 : 미선 씨한테서 전화가 왔습니다.

1) 선 생 : 누구한테서 편지가 왔습니까? (고등학교 때 친구)
   학 생 : 고등학교 친구한테서 편지가 왔습니다.

2) 선 생 : 누구한테서 카드가 왔습니까? (같은 반 친구)
   학 생 : 같은 반 친구한테서 카드가 왔습니다.

3) 선 생 : 누구한테서 그 이야기를 들었습니까? (언니)
   학 생 : 언니한테서 그 이야기를 들었습니다.

4) 선 생 : 누구한테서 소포가 왔습니까? (어머니)
   학 생 : 어머니한테서 소포가 왔습니다.

5) 선 생 : 누구한테서 연락을 받았습니까? (비서)
   학 생 : 비서한테서 연락을 받았습니다.

제 9 과

영화를 보러 갈까요?

1

죤슨 씨와 김미선 씨는 영화관에 갔다.

죤 슨 : 구경하러 온 사람이 많습니다.

미 선 : 휴일이니까요.

죤 슨 : 우리도 줄을 서서 표를 삽시다.

미 선 : 제가 샀어요.

죤 슨 : 벌써 사셨습니까?

미 선 : 자, 시작하기 전에 빨리 들어갑시다.

휴일	holiday	줄을 서다	to get in the line	표	ticket
벌써	already	자	well	전	before
빨리	quickly				

2

두 사람은 영화관에서 나와 다방으로 들어갔다.

죤 슨 : 오늘은 가는 곳마다 만원이군요.

미 선 : 저쪽에 빈 자리가 있어요.

죤 슨 : 다방이 참 넓군요.

미 선 : 예, 커피 맛도 좋고 음악도 좋아요.

죤 슨 : 여기 자주 오십니까?

미 선 : 전에 한번 와 보았어요.

곳	place	만원이다	to be full	비다	to be empty
자리	seat	넓다	to be large	자주	often
한 번	once				

3

미 선 : 오늘 영화가 어땠어요?

죤 슨 : 오랜만에 좋은 영화를 보았습니다.

미 선 : 넓고 푸른 바다가 참 좋았어요.

오랜만에	in a long time	푸르다	to be blue	바다	ocean

존 슨 : 바다를 보니까 마음이 시원해졌어요.

미 선 : 그런 곳에서 살았으면 해요.

존 슨 : 그런 곳에서요?

마음	heart	시원하다	to be fresh

4

미 선 : 내일은 수영이나 하러 갑시다.

존 슨 : 수영을 잘 하세요?

미 선 : 학교에 다닐 때 선수였어요.

존 슨 : 그럼, 나하고 시합을 할까요?

미 선 : 좋아요. 내일이나 모레쯤 수영장에 가요.

존 슨 : 지는 사람이 저녁을 사기로 합시다.

수영	swimming	선수	a player, a champion	시합	a game, a race
모레	day after tomorrow	수영장	pool	지다	to lose

5

오늘은 휴일입니다.

우리들은 옆 집 하숙생과 축구 시합을 하기로 했습니다.

미선 씨도 우리 팀입니다.

축구를 하는 동안 주인 집 가족들은 응원을 했습니다.

처음에는 우리 팀이 질 것 같았습니다.

그런데 마지막에 미선 씨가 공을 넣었습니다.

우리 팀이 이겼습니다.

하숙생	a person who lives in a boarding house			축구	soccer
응원하다	to cheer	처음에	at first	마지막	at the last
공	ball	넣다	to score, to put in	이기다	to win

Lesson 9

Shall we go to the movies?

1

Mr. Johnson and Ms. Kim went to a movie theater.

Mr. Johnson : There are many people here.

Ms. Kim : It's because of the holiday.

Mr. Johnson : Let's get in line and buy tickets, also.

Ms. Kim : I bought the tickets.

Mr. Johnson : You've bought them already?

Ms. Kim : Let's go in before the movie starts.

2

The two of them came out of the theater and went to a coffee house.

Mr. Johnson : It's crowded everywhere today.

Ms. Kim : There's an empty table over there.

Mr. Johnson : Wow, the coffee house is quite large.

Ms. Kim : Yes, the coffee is good, and so is the music.

Mr. Johnson : Do you come here often?

Ms. Kim : I've been here once before.

3

Ms. Kim	:	How did you like today's movie?
Mr. Johnson	:	It's been a long time since I've seen a good movie.
Ms. Kim	:	I really liked the big, blue sea.
Mr. Johnson	:	I felt refreshed looking at the sea.
Ms. Kim	:	I would like to live in a place like that.
Mr. Johnson	:	In such a place?

4

Ms. Kim	:	Let's go swimming tomorrow.
Mr. Johnson	:	Can you swim well?
Ms. Kim	:	I was on the swim team in school.
Mr. Johnson	:	Then shall we have a race?
Ms. Kim	:	O.K.
Mr. Johnson	:	Whoever loses buys dinner.

5

Today is a holiday.

We'd agreed to play soccer with some students from our neighboring boarding house.

Ms. Kim is on our team also.

The landlord's family cheered during the game.

At first it seemed as if our team was going to lose.

But at the last moment Ms. Kim made a goal.

Our team won the game.

문 법

9. 1 G1 -(으)러 가다(오다)

• This pattern attaches to an action verb stem to indicate a goal or purpose. Verb stems ending in a vowel take -러 가다(오다), and verb stems ending in a consonant take -으러 가다(오다).

예: 영화를 보러 갈까요?	Shall we go (to) see a movie?
한잔하러 갑시다.	Let's go (out) for (to have) a drink.
밥 먹으러 식당에 갔다 왔어요.	I went out to get something to eat.
구경하러 온 사람이 많습니다.	There are many people who have come to do sightseeing.
아이를 찾으러 친구 집에 갔습니다.	I went to my friend's house to look for the child.

9. 1 G2 -기 전에

• This patterns attaches to a verb stem to give the meaning "before."

예: 식사하기 전에 늘 기도해요.	We always pray before eating a meal.
떠나기 전에 전화하세요.	Please telephone before leaving.
시험 보기 전에 복습을 합니다.	I review before taking an exam.
수영하기 전에 준비 운동을 하십시오.	Please warm up before swimming.

• After nouns you cannot use -기, and instead use only -전에.

예: 오 년 전에 이 사진을 찍었어요   I took this picture 5 years ago.

30분 전에 친구하고 헤어졌어요.   I parted with my friend 30 minutes ago.

두 달 전에 한국어 공부를   I began studying Korean 2 months ago.
시작했어요.

우리 부부는 결혼 전에 같은   My wife and I worked in the same
회사에서 일했습니다.   company before getting married.

9.2 G1 -마다

• This auxiliary particle attaches to nouns to mean "each; every."

예: 날마다 버스로 출근해요.   I go to work every day by bus.
주말마다 어디 가세요?   Where do you go every weekend?
나라마다 풍습이 달라요.   Each country has different customs.
집집마다 태극기가 달렸어요.   Every building is flying the Korean flag.

• When combining with nouns usually Sino-Korean that denote time, you can also use
매 - instead of -마다.

시간마다	매시간	every hour
날마다	매일	every day
월요일마다	매월요일	every Monday
주마다	매주	every week
달마다	매달	every month
해마다	매년	every year

9.2 G2 -아 보다/어 보다/여 보다

• This auxiliary verb attaches to action verbs to indicate an attempt or a try.

예: 여기에 한 번 와 보았어요.   I checked out coming here once / I tried coming here once / I came here once to see what it is like.

한식을 먹어 보았어요?   Have you ever eaten / tried eating Korean food?

그 남자를 만나 보겠습니다.   I'll try meeting that man (i.e. I'll meet that man and see what he's like.)

이 술을 한 번 마셔 보세요.   Try drinking this booze (once).

한국말로 말해 볼까요?   Shall I try saying it in Korean?

9.3 G1 -았으면 하다/었으면 하다/였으면 하다

• This attaches to a verb stem to express a wish or desire. Note that 하다 here is an action verb.

예: 한국말을 잘 했으면 합니다.   I wish I could speak Korean well.

돈이 많았으면 합니다.   I wish I had a lot of money.

시험이 빨리 끝났으면 합니다.   I wish examines would finish soon.

정희는 가수가 되었으면 해요.   Chonghee wishes she could become a singer. *or*: I wish Chonghee could become a singer.

• When the subject is first-person, you can also use -(으)면 좋겠다 instead of -(으)면 하다.

예: 방학이 되었으면 좋겠습니다.   I wish it would be vacation.

　　날씬했으면 좋겠어요.   I wish I were slim.

　　그만 했으면 좋겠습니다.   I wish I could quit.

9.3 G2 -아 지다/어 지다/여 지다

• This attaches to quality verbs to express the process of change.

예: 날씨가 퍽 따뜻해졌습니다.   The weather has become quite warm.

　　요즘 자꾸 뚱뚱해져요.   Lately I'm getting fatter and fatter.

　　한국말이 점점 재미있어져요.   Korean is gradually getting more
　　　　　　　　　　　　　　　　　　interesting.

　　산에 올라오니까 기분이 좋아   When I got to the top of the mountain,
　　졌어요.   my mood got better.

　　대학생이 되니까 친구가 많아   Now that I've become a college student,
　　집니다.   I've come to have many friends ("my
　　　　　　　　　　　　　　　　　　friends became greater in number").

9.4 G1 -나/이나

• This attaches to nouns to indicate a choice. Nouns ending in a vowel take -나, and nouns ending in a consonant take -이나.

예: 차나 한잔합시다.   Let's have a cup of tea (or something).

　　심심한데 음악이나 들을까요?   I'm bored: shall we listen to some music
　　　　　　　　　　　　　　　　　　(or something)?

　　주말에 극장에나 갑시다.   On the weekend let's go to a theater
　　　　　　　　　　　　　　　　　　(or something).

방학에는 책이나 읽고 쉬겠습니다. During the vacation, I'll read a book or something and rest.

• When used between two nouns, -나/이나 has the meaning of choosing one of the two.

예: 버스나 택시를 탑니다.   We take a bus or a taxi.

커피나 홍차를 드릴까요?   Shall I give you (either) coffee or tea?

독일이나 프랑스에 가 보고   I want to (try to, i.e. check out) go to
싶어요.   either Germany or France.

아주머니나 아저씨한테 물어   Try asking either ajumoni or ajossi.
봅시다.

9.4 G2 -기로 하다

• This attaches to action verb stems and means "decide to do something."

• Instead of 하다 you may also use 정하다 "to decide upon; determine to do," 약속 하다 "to promise to do; make an engagement to do," 결정하다 "to decide to do." etc.

예: 언제 다시 만나기로 할까요?   When shall we (fix upon to) meet
                                               again?

우리는 내년에 결혼하기로   We are engaged to marry next year.
약속했어요.

늦는 사람은 벌금 내기로 해요.   Let's determine that whoever comes late
                                               should be fined.

우리 회사는 토요일에 쉬기로   Our company decided to take a break on
결정했습니다.   Saturday.

9.5 G1 -는 동안

• This attaches to action verbs and means "while; during (the period of activity expressed by the verb)."

• Dependent on the tense-aspect, you may use the modifier -(으)ㄹ instead of -는.

예: 내가 이것을 하는 동안 그 일을 끝내십시오.	Finish that job while I am doing this.
회의하는 동안에 비가 많이 왔군요!	My, it rained a lot while we were in conference!
여기까지 오는 동안에 버스에서 잠을 잤습니다.	I slept on the bus on the way ("while coming") here.
남들이 노는 동안 우리는 쉬지 않고 일했습니다.	While others were playing, we worked without rest.

• You can also attach -동안 directly to nouns which indicate time.

예: 방학 동안 친척 집에 있겠어요.	During vacation I'll be at my relatives' place.
얼마 동안 한국에 계시겠습니까?	How long will you be in Korea?
몇 달 동안 외국 여행을 했습니까?	(During) how many months did you travel abroad?
3년 동안 연구를 했습니다.	I researched for three years.

유형 연습

9.1 D1

(보기) 선 생 : 영화를 봅니다 / 갈까요?
　　　 학 생 : 영화를 보러 갈까요?

1) 선 생 : 차를 마십니다 / 다방에 갑니다.
　 학 생 : 차를 마시러 다방에 갑니다.

2) 선 생 : 점심 식사합니다 / 식당에 갑니다.
　 학 생 : 점심 식사하러 식당에 갑니다.

3) 선 생 : 운동합니다 / 체육관에 갑니다.
　 학 생 : 운동하러 체육관에 갑니다.

4) 선 생 : 내일도 공부합니다 / 학교에 옵니다.
　 학 생 : 내일도 공부하러 학교에 옵니다.

5) 선 생 : 선물을 삽니다 / 이태원에 또 가겠습니다.
　 학 생 : 선물을 사러 이태원에 또 가겠습니다.

9.1 D2

(보기) 선 생 : 무엇을 하러 시내에 갔습니까? (영화 구경합니다)
　　　 학 생 : 영화 구경을 하러 갔습니다.

1) 선 생 : 무엇을 하러 도서관에 가십니까? (책을 빌립니다)
　 학 생 : 책을 빌리러 갑니다.

2) 선 생 : 무엇을 하러 백화점에 가셨습니까? (선물을 삽니다)
   학 생 : 선물을 사러 갔습니다.

3) 선 생 : 무엇을 하러 한국에 오셨습니까? (한국에서 일합니다)
   학 생 : 한국에서 일하러 왔습니다.

4) 선 생 : 뭣 하러 우체국에 갑니까? (소포를 찾습니다)
   학 생 : 소포를 찾으러 갑니다.

5) 선 생 : 뭣 하러 대사관에 갑니까? (비자를 받습니다)
   학 생 : 비자를 받으러 갑니다.

9.1 D3

(보기) 선 생 : 언제 표를 사셨습니까? (30분)
       학 생 : 30분 전에 샀습니다.

1) 선 생 : 언제 여기 오셨습니까? (1시간)
   학 생 : 1시간 전에 왔습니다.

2) 선 생 : 그분이 출발하셨습니까? (3주일)
   학 생 : 3주일 전에 출발하셨습니다.

3) 선 생 : 언제 한국에 도착하셨습니까? (2개월)
   학 생 : 2개월 전에 도착했습니다.

4) 선 생 : 할아버지께서 돌아가셨습니까? (벌써 6년)
   학 생 : 벌써 6년 전에 돌아가셨습니다.

5) 선 생 : 약을 언제 잡수십니까? (아침 식사)
   학 생 : 아침 식사 전에 먹습니다.

9. 1 D4

(보기) 선 생 : 영화를 시작합니다 / 빨리 들어갑시다.
        학 생 : 영화를 시작하기 전에 빨리 들어갑시다.

1) 선 생 : 수업을 시작합시다 / 빨리 들어갑시다.
   학 생 : 수업을 시작하기 전에 빨리 들어갑시다.

2) 선 생 : 식사를 합니다 / 기도합시다.
   학 생 : 식사를 하기 전에 기도합시다.

3) 선 생 : 그 친구가 옵니다 / 일을 끝내겠습니다.
   학 생 : 그 친구가 오기 전에 일을 끝내겠습니다.

4) 선 생 : 세수합니다 / 이를 닦습니다.
   학 생 : 세수하기 전에 이를 닦습니다.

5) 선 생 : 친구를 만납니다 / 전화합니다.
   학 생 : 친구를 만나기 전에 전화합니다.

9. 1 D5

(보기) 선 생 : 수업을 시작하기 전에 교실에 들어오셨습니까? (예)
        학 생 : 예, 수업을 시작하기 전에 교실에 들어왔습니다.

1) 선 생 : 식사하기 전에 무엇을 하십니까? (손을 씻습니다)
   학 생 : 식사하기 전에 손을 씻습니다.

2) 선 생 : 친구들이 오기 전에 무엇을 하시겠습니까?
           (음식을 준비하겠습니다)
   학 생 : 친구들이 오기 전에 음식을 준비하겠습니다.

3) 선 생 : 서울에 오기 전에 무엇을 하셨습니까?
           (회사에서 일했습니다)
   학 생 : 서울에 오기 전에 회사에서 일했습니다.

4) 선 생 : 떠나기 전에 한 번 더 만날까요? (예)
   학 생 : 예, 떠나기 전에 한 번 더 만납시다.

5) 선 생 : 언제든지 말씀하시기 전에 생각하십니까? (예)
   학 생 : 예, 언제든지 말하기 전에 생각합니다.

9.2   D1

   (보기) 선 생 : 다방 / 만원이군요.
          학 생 : 다방마다 만원이군요.

1) 선 생 : 극장 / 사람이 많아요.
   학 생 : 극장마다 사람이 많아요.

2) 선 생 : 집집 / 태극기가 있어요.
   학 생 : 집집마다 태극기가 있어요.

3) 선 생 : 나라 / 풍습이 다릅니다.
   학 생 : 나라마다 풍습이 다릅니다.

4) 선 생 : 일요일 / 교회에 갑니다.
   학 생 : 일요일마다 교회에 갑니다.

5) 선 생 : 날 / 할 일이 많습니다.
   학 생 : 날마다 할 일이 많습니다.

9.2 D2

(보기) 선 생 : 전에 한 번 왔습니다.
　　　　 학 생 : 전에 한 번 와 보았습니다.

1) 선 생 : 그 책을 고등학교 때 읽었습니다.
　 학 생 : 그 책을 고등학교 때 읽어 보았습니다.

2) 선 생 : 지난 번에 하숙집에서 먹었습니다.
　 학 생 : 지난 번에 하숙집에서 먹어 보았습니다.

3) 선 생 : 잘 몰라서 선생님께 물었습니다.
　 학 생 : 잘 몰라서 선생님께 물어 보았습니다.

4) 선 생 : 전에 이 노래를 친구 집에서 들었습니다.
　 학 생 : 전에 이 노래를 친구 집에서 들어 보았습니다.

5) 선 생 : 친구하고 이 요리를 만들었습니다.
　 학 생 : 친구하고 이 요리를 만들어 보았습니다.

9.2 D3

(보기) 선 생 : 전에 여기 와 봤습니까? (예)
　　　　 학 생 : 예, 전에 여기 와 봤습니다.

1) 선 생 : 그 소설책을 읽어 봤습니까? (예)
　 학 생 : 예, 그 소설책을 읽어 보았습니다.

2) 선 생 : 그 음식을 잡숴 보셨습니까? (예)
　 학 생 : 예, 그 음식을 먹어 봤습니다.

3) 선 생 : 정말 몰라서 선생님께 물어 봤습니까? (예)
　 학 생 : 예, 정말 몰라서 선생님께 물어 봤습니다.

4) 선 생 : 전에 이 노래를 들어 봤습니까? (예)
   학 생 : 예, 전에 이 노래를 들어 봤습니다.

5) 선 생 : 한국 음식을 만들어 봤습니까? (예)
   학 생 : 예, 한국 음식을 만들어 봤습니다.

9.2   D4

(보기) 선 생 : 제주도에 한 번 가 보세요. (예)
       학 생 : 예, 제주도에 한 번 가 보겠습니다.

1) 선 생 : 그 책을 읽어 보세요. (예)
   학 생 : 예, 그 책을 읽어 보겠습니다.

2) 선 생 : 혼자 여행해 보세요. (예)
   학 생 : 예, 혼자 여행해 보겠습니다.

3) 선 생 : 그분을 꼭 만나 보세요. (예).
   학 생 : 예, 그분을 꼭 만나 보겠습니다.

4) 선 생 : 그 노래를 꼭 들어 보세요. (예)
   학 생 : 예, 그 노래를 꼭 들어 보겠습니다.

5) 선 생 : 저 옷을 입어 보세요. (예)
   학 생 : 예, 저 옷을 입어 보겠습니다.

9.3   D1

(보기) 선 생 : 마음이 시원합니다.
       학 생 : 마음이 시원해졌습니다.

1) 선 생 : 날씨가 따뜻합니다.
   학 생 : 날씨가 따뜻해졌습니다.

2) 선 생 : 발음이 좋습니다.
   학 생 : 발음이 좋아졌습니다.

3) 선 생 : 뚱뚱합니다.
   학 생 : 뚱뚱해졌습니다.

4) 선 생 : 생각이 많습니다.
   학 생 : 생각이 많아졌습니다.

5) 선 생 : 제 언니가 예쁩니다.
   학 생 : 제 언니가 예뻐졌습니다.

9.3 D2

(보기) 선 생 : 마음이 시원해졌습니다. (바다를 봅니다)
       학 생 : 바다를 보니까 마음이 시원해졌습니다.

1) 선 생 : 날씨가 따뜻해졌습니다. (봄이 됩니다)
   학 생 : 봄이 되니까 날씨가 따뜻해졌습니다.

2) 선 생 : 발음이 좋아졌습니다. (열심히 연습합니다)
   학 생 : 열심히 연습하니까 발음이 좋아졌습니다.

3) 선 생 : 뚱뚱해졌습니다. (많이 먹습니다)
   학 생 : 많이 먹으니까 뚱뚱해졌습니다.

4) 선 생 : 생각이 많아졌습니다. (대학생이 됩니다)
   학 생 : 대학생이 되니까 생각이 많아졌습니다.

5) 선 생 : 제 언니가 예뻐졌습니다. (사랑합니다)
   학 생 : 사랑하니까 제 언니가 예뻐졌습니다.

9.3 D3

(보기) 선 생 : 한국에서 삽니다.
　　　　학 생 : 한국에서 살았으면 합니다.

1) 선 생 : 한국말을 잘 합니다.
　 학 생 : 한국말을 잘 했으면 합니다.

2) 선 생 : 날씨가 좋습니다.
　 학 생 : 날씨가 좋았으면 합니다.

3) 선 생 : 시험이 빨리 끝납니다.
　 학 생 : 시험이 빨리 끝났으면 합니다.

4) 선 생 : 제 어머니께서 한국에 오십니다.
　 학 생 : 제 어머니께서 한국에 오셨으면 합니다.

5) 선 생 : 저도 제 어머니께서 한국에 오십니다.
　 학 생 : 저도 제 어머니께서 한국에 오셨으면 합니다.

9.3 D4

(보기) 선 생 : 이런 곳에서 살고 싶지요? (예)
　　　　학 생 : 예, 이런 곳에서 살았으면 좋겠습니다.

1) 선 생 : 한잔하고 싶지요? (예)
　 학 생 : 예, 한잔했으면 좋겠습니다.

2) 선 생 : 그 친구들을 만나고 싶지요? (예)
　 학 생 : 예, 그 친구들을 만났으면 좋겠습니다.

3) 선 생 : 그만하고 싶지요? (예)
　 학 생 : 예, 그만했으면 좋겠습니다.

4) 선 생 : 여행을 하고 싶지요? (예)
　　학 생 : 예, 여행을 했으면 좋겠습니다.

5) 선 생 : 시원한 걸 마시고 싶지요? (예)
　　학 생 : 예, 시원한 걸 마셨으면 좋겠습니다.

9.4 D1

(보기) 선 생 : 극장 / 백화점에 갑시다.
　　　　학 생 : 극장이나 백화점에 갑시다.

1) 선 생 : 커피 / 홍차를 드릴까요?
　　학 생 : 커피나 홍차를 드릴까요?

2) 선 생 : 버스 / 지하철을 탑시다.
　　학 생 : 버스나 지하철을 탑시다.

3) 선 생 : 유럽 / 중동에 가 보고 싶습니다.
　　학 생 : 유럽이나 중동에 가 보고 싶습니다.

4) 선 생 : 춤 / 노래를 하십시오.
　　학 생 : 춤이나 노래를 하십시오.

5) 선 생 : 아주머니 / 아저씨한테 배우겠습니다.
　　학 생 : 아주머니나 아저씨한테 배우겠습니다.

9.4 D2

(보기) 선 생 : 내일은 수업을 하러 갈까요?
　　　　학 생 : 내일은 수업이나 하러 갈까요?

1) 선　생 :　심심한데 영화를 볼까요?
　　학　생 :　심심한데 영화나 볼까요?

2) 선　생 :　목이 마른데 맥주를 마실까요?
　　학　생 :　목이 마른데 맥주나 마실까요?

3) 선　생 :　배가 고픈데 점심을 먹을까요?
　　학　생 :　배가 고픈데 점심이나 먹을까요?

4) 선　생 :　시험이 있는데 공부를 할까요?
　　학　생 :　시험이 있는데 공부나 할까요?

5) 선　생 :　날씨가 좋은데 등산을 갈까요?
　　학　생 :　날씨가 좋은데 등산이나 갈까요?

9.4　D3

　　(보기) 선　생 :　더운데 수영이나 할까요? (예)
　　　　　　학　생 :　예, 수영이나 합시다.

1) 선　생 :　심심한데 영화나 볼까요? (예)
　　학　생 :　예, 영화나 봅시다.

2) 선　생 :　배가 고픈데 점심이나 먹을까요? (예)
　　학　생 :　예, 점심이나 먹읍시다.

3) 선　생 :　날씨가 좋은데 등산이나 갈까요? (예)
　　학　생 :　예, 등산이나 갑시다.

4) 선　생 :　시간이 있는데 노래나 배울까요? (예)
　　학　생 :　예, 노래나 배웁시다.

5) 선　생 :　더운데 맥주나 한잔 할까요? (예)
　　학　생 :　예, 맥주나 한잔 합시다.

9.4 D4

(보기) 선 생 : 시합에서 지는 사람은 저녁을 사겠습니다.
　　　　학 생 : 시합에서 지는 사람은 저녁을 사기로 했습니다.

1) 선 생 : 두 사람은 내년에 결혼하겠습니다.
　 학 생 : 두 사람은 내년에 결혼하기로 했습니다.

2) 선 생 : 수업 시간에 늦는 사람은 벌금을 내겠습니다.
　 학 생 : 수업 시간에 늦는 사람은 벌금을 내기로 했습니다.

3) 선 생 : 우리들은 크리스마스 때 만나겠습니다.
　 학 생 : 우리들은 크리스마스 때 만나기로 했습니다.

4) 선 생 : 거짓말을 하는 사람은 벌을 주겠습니다.
　 학 생 : 거짓말을 하는 사람은 벌을 주기로 했습니다.

5) 선 생 : 이 건물 앞에서 사진을 찍겠습니다.
　 학 생 : 이 건물 앞에서 사진을 찍기로 했습니다.

6) 선 생 : 앞으로 만나지 않겠습니다.
　 학 생 : 앞으로 만나지 않기로 했습니다.

9.4 D5

(보기) 선 생 : 지는 사람은 어떻게 할까요? (저녁을 삽니다)
　　　　학 생 : 지는 사람은 저녁을 사기로 합시다.

1) 선 생 : 날마다 늦는 사람은 어떻게 할까요? (한턱 냅니다)
　 학 생 : 날마다 늦는 사람은 한턱 내기로 합시다.

2) 선 생 : 약속을 지키지 않은 사람은 어떻게 할까요? (벌금을 냅니다)
　 학 생 : 약속을 지키지 않은 사람은 벌금을 내기로 합시다.

3) 선 생 : 소풍 갈 때 뭘 가지고 갈까요? (도시락을 가지고 갑니다)
   학 생 : 소풍 갈 때 도시락을 가지고 가기로 합시다.

4) 선 생 : 회의를 언제 할까요? (다음 달 10일에 합니다)
   학 생 : 회의를 다음 달 10일에 하기로 합시다.

5) 선 생 : 파티에 뭘 가지고 갈까요? (음식을 한 가지씩 가지고 갑니다)
   학 생 : 파티에 음식을 한 가지씩 가지고 가기로 합시다.

9.5 D1

   (보기) 선 생 : 그 / 안녕하십니까?
          학 생 : 그동안 안녕하셨어요?

1) 선 생 : 방학 / 무엇을 하시겠어요?
   학 생 : 방학 동안 무엇을 하시겠어요?

2) 선 생 : 얼마 / 한국에 계시겠어요?
   학 생 : 얼마 동안 한국에 계시겠어요?

3) 선 생 : 몇 년 / 그 회사에서 일하셨어요?
   학 생 : 몇 년 동안 그 회사에서 일하셨어요?

4) 선 생 : 석 달 / 외국에서 사셨어요?
   학 생 : 석 달 동안 외국에서 사셨어요?

5) 선 생 : 일주일 / 밖에 나가지 않았어요?
   학 생 : 일주일 동안 밖에 나가지 않았어요?

9.5 D2

(보기) 선 생 : 그동안 어떻게 지내셨어요? (잘)
　　　 학 생 : 그동안 잘 지냈습니다.

1) 선 생 : 방학 동안 무엇을 하셨어요? (여행)
　 학 생 : 방학 동안 여행을 했습니다.

2) 선 생 : 얼마 동안 한국에 계시겠어요? (3년)
　 학 생 : 3년 동안 한국에 있겠습니다.

3) 선 생 : 몇 년 동안 그 회사에서 일하셨어요? (20년)
　 학 생 : 20년 동안 그 회사에서 일했습니다.

4) 선 생 : 몇 달 동안 거기서 사셨어요? (석 달)
　 학 생 : 석 달 동안 거기서 살았습니다.

5) 선 생 : 며칠 동안 외출을 안 하셨어요? (일주일)
　 학 생 : 일주일 동안 외출을 안 했습니다.

9.5 D3

(보기) 선 생 : 우리가 축구를 합니다 / 가족들은 응원을 했습니다.
　　　 학 생 : 우리가 축구를 하는 동안 가족들은 응원을 했습니다.

1) 선 생 : 제가 이 일을 합니다 / 선생님은 그 일을 끝내십시오.
　 학 생 : 제가 이 일을 하는 동안 선생님은 그 일을 끝내십시오.

2) 선 생 : 그분이 주무십니다 / 공부를 많이 했습니다.
　 학 생 : 그분이 주무시는 동안 공부를 많이 했습니다.

3) 선 생 : 그분이 연설하십니다 / 다른 생각을 했습니다.
　 학 생 : 그분이 연설하시는 동안 다른 생각을 했습니다.

4) 선 생 : 어머니께서 청소를 하십니다 / 나는 설거지를 했습니다.
   학 생 : 어머니께서 청소하시는 동안 나는 설거지를 했습니다.

5) 선 생 : 잡니다 / 도둑이 들어왔습니다.
   학 생 : 자는 동안 도둑이 들어왔습니다.

제 10 과

서울 시내가 다 보입니다.

1

존 슨 : 걸어서 올라갈까요? 차를 타고 올라갈까요?

미 선 : 걸어서 올라갑시다.

존 슨 : 걸으니까 기분이 좋군요.

미 선 : 저것 보세요. 시내가 다 보입니다.

존 슨 : 서울이 굉장히 넓고 커요.

미 선 : 이제 너무 복잡해졌어요.

걷다	to walk	올라가다	to go up	기분	mood
시내	downtown	다	all, every	굉장히	very
복잡해지다	to get busy				

2

존 슨 : 한강이 참 아름답습니다.

미 선 : 서울이 그림같아요.

존 슨 : 강에서 낚시도 할 수 있습니까?

미 선 : 예, 낚시를 하려고 사람들이 많이 모여요.

존 슨 : 우리 내려가서 나무 그늘에 앉읍시다.

미 선 : 여기서 좀 더 구경하고요.

한강	the Han River	낚시	fishing	모이다	to gather
내려가다	to go down	그늘	shade		

3

존 슨 : 오늘은 날씨가 흐려서 잘 안 보입니다.

미 선 : 그렇지요?

존 슨 : 저기 저 건물은 63빌딩이지요?

미 선 : 예, 서울에서 제일 높은 건물입니다. 가 보셨어요?

존 슨 : 아직 가 보지 못했어요.

미 선 : 언제 한 번 올라가 봅시다.

건물	building	제일	the most	높다	to be high
아직	yet				

4

존 슨 : 어디서 노래 소리가 들리는군요.

미 선 : 우리 그쪽으로 가요.

존 슨 : 아이들이 재미있게 노는군요.

미 선 : 노래를 참 잘 불러요.

존 슨 : 그런데 전 한국 노래를 하나도 몰라요.

미 선 : 제가 하나 가르쳐 드릴까요?

노래	song	소리	sound, noise	쪽	direction
놀다	to play	부르다	to sing	하나도	not even one

5

산 바람 강 바람

윤석중 요
박태현 곡

산 위에서 부는 바람 서늘한 바람

그 바람은 좋은 바람 고마운 바람

여름에 나뭇군이 나무를 할 때

이마에 흐른 땀을 씻어 준대요.

강 가에서 부는 바람 시원한 바람
그 바람도 좋은 바람 고마운 바람
사공이 배를 젓다 잠이 들어도
저 혼자 나룻배를 저어 간대요.

Lesson 10

You can see all the city of Seoul.

1

Mr. Johnson : Shall we walk up? Or take the car up?

Ms. Kim : Let's walk up.

Mr. Johnson : It is pleasant walking.

Ms. Kim : Look at that. We can see all of downtown.

Mr. Johnson : Seoul is very large.

Ms. Kim : It has become quite busy.

2

Mr. Johnson : The Han River is so beautiful.

Ms. Kim : Seoul looks like a painting.

Mr. Johnson : Can you fish in the Han River?

Ms. Kim : Yes, many people come to fish.

Mr. Johnson : Let's go sit in the shade.

Ms. Kim : Let's look some more here first.

3

Mr. Johnson : It's cloudy today, so we can't see much.

Ms. Kim : Yes, don't you think?

Mr. Johnson : That tall building is the 63 Building?

Ms. Kim	:	Yes, it is the tallest building in Seoul. Have you been there?
Mr. Johnson	:	No, not yet.
Ms. Kim	:	Let's go up there sometime.

4

Mr. Johnson	:	Someone is singing.
Ms. Kim	:	Let's go in that direction.
Mr. Johnson	:	The children are having a good time.
Ms. Kim	:	They sing very well.
Mr. Johnson	:	I don't know any Korean songs.
Ms. Kim	:	Shall I teach you one?

5

Mountain Wind, River Wind

Wind from the mountain, cool wind

That's a nice wind, gracious wind.

When the woodcutter gathers firewood in the summer.

The wind cools off the sweat on his forehead.

Wind from the river, cool wind.

That's also a nice wind, gracious wind.

When the sailor falls asleep while rowing the boat.

The wind rows the boat by himself.

문 법

10.1 G1 Adverbs

• Adverbs can modify following verbs, modifers and adverbs, and in sentence-initial position can also modify the entire sentence.

예: 아이가 말을 잘 듣습니다.　　　The child is quite obedient
　　　　　　　　　　　　　　　　("Listen to words well").

　　오늘은 기분이 참 좋군요.　　Today I'm in a really good mood.

　　그 사람 집이 굉장히 커요.　　That person's house is incredibly big.

　　제일 친한 친구가 서울에 와요.　My closest friend is coming to Seoul.

　　저녁을 참 잘 먹었어요.　　I ate (supper) really well.

　　아마 그 소식을 모르고　　　He probably isn't aware of that news.
　　있을 거에요.

10.2 G1 -(으)려고

• This attaches to action verbs to express an intention or plan (English "intending to, in order to"). (see 8.3 G1).

예: 택시를 잡으려고 30분 동안　　I waited 30 minutes (in order) to catch
　　기다렸습니다.　　　　　　　a taxi.

　　부모님께 드리려고 선물을　　I bought a present (in order/intending)
　　샀습니다.　　　　　　　　　to give to my parents.

　　여러분들에게 보이려고 사진을　I brought photographs to show all of you

가지고 왔습니다.

누구를 주려고 꽃을 샀어요?	For whom did you buy the flowers? ("You bought flowers intending to give them to whom?")
돈을 찾으려고 은행에 갔어요.	He went to the bank (in order) to get some money.

10. 2 G2 -고요

• This is a new final ending made up of the conjunctive ending -고 (see 4.5 G1) followed by the polite ending -요. It is used when the usual order between clauses is reversed.

예: 이 일을 끝내고 영화보러 갈까요? → 영화보러 갈까요? 이 일을 끝내고요.	Shall we go see a movie after finishing this work?
잘 듣고 대답하세요. → 대답하세요. 잘 듣고요.	Listen carefully and then answer.
형은 영어를 배우고 저는 불어를 배웁니다. → 저는 불어를 배웁니다. 형은 영어를 배우고요.	My older brother is learning English, and I am learning French.

• In conversation, this form is used as follows:

예: 김 선생: 영수 집에 갈까요?	*Mr. Kim :*	Shall we go to Young-soo's house?
이 선생: 전화해 보고요.	*Mr. Lee:*	First let's call (i.e. "yes, but after calling…")

김 선생: 빨리 나오세요.	Mr. Kim :	Hurry up (and come out).
이 선생: 불 좀 끄고요.	Mr. Lee :	Let me turn off the lights first (i.e. "OK, OK, but after I turn off the lights…").
김 선생: 그 남자 잘 생겼어요.	Mr. Kim :	That man is quite handsome.
이 선생: 키도 크고요.	Mr. Lee:	And he's tall, too.

10. 3 G1 Question Pronouns

• The Korean interrogative or question pronouns are as follows.

Meaning	People	Places	Time	Things	Amounts
Pronoun	누 구	어 디	언 제	무 엇	얼 마

예: 저분은 누구입니까? Who is that person?

누가 태권도를 잘 가르칩니까? Who teaches Taekwondo well?

버스 정류장이 어디에 있습니까? Where is the bus stop?

언제 돌아오시겠어요? When will you come back?

선물로 무엇을 보내려고 합니까? What do you intend to send as a present?

사과 한 개에 얼마에요? How much for one apple?

• The interrogative pronouns change meaning in declarative sentences in the following way.

예: 밖에 누가 왔어요. Someone has arrived outside.

날씨가 좋은데 어디 좀 갑시다. The weather is so good. Let's go somewhere

언제 한 번 만납시다. Let's get together sometime.

무엇 좀 먹었으면 좋겠어요. I would like to eat something.

10.4 G1 Honorific Form

• There are two ways to elevate the level of speech. First, the hearer may be elevated; second, the subject of the sentence may be elevated. (See 2.2 G1) (Honorific Words)

• The speaker can elevate the hearer by using the honorific suffix -시- to convey the respect for him.

예: 안녕하십니까?	How are you? Good morning!
어떻게 오셨습니까?	How is it that you are here?
선생님은 한국말을 잘 하십니다.	You speak Korean well.

• The speaker can elevate the hearer by lowering himself. (Self-Effacing Words)

예: 저는 이태리에서 왔습니다.	I came from Italy.
제가 도와 드리겠습니다.	I will help you.
그 일은 저희들에게 맡기세요.	Please give the job to us.

• The speaker can elevate the subject of the sentence by using the honorific suffix -시-.

예: 선생님이 기다리십니다.	The teacher is waiting for us.
할아버지께서 주무십니다.	My grandfather is sleeping now.
의사 선생님이 이 약을 주셨습니다.	The doctor gave me this medicine.

유형 연습

10. 1 D1

(보기) 선 생 : 한국말이 어렵습니다. (참)
　　　학 생 : 한국말이 참 어렵습니다.

1) 선 생 : 서울의 교통이 복잡합니다. (아주)
　학 생 : 서울의 교통이 아주 복잡합니다.

2) 선 생 : 한국의 가을 경치가 아름답습니다. (매우)
　학 생 : 한국의 가을 경치가 매우 아름답습니다.

3) 선 생 : 김치가 맵습니다. (너무)
　학 생 : 김치가 너무 맵습니다.

4) 선 생 : 그분이 친절합니다. (대단히)
　학 생 : 그분이 대단히 친절합니다.

5) 선 생 : 한국의 겨울이 춥습니다. (몹시)
　학 생 : 한국의 겨울이 몹시 춥습니다.

10. 1 D2

(보기) 선 생 : 한국말이 어렵습니까? (예 / 참)
　　　학 생 : 예, 참 어렵습니다.

1) 선 생 : 서울의 교통이 복잡합니까? (예 / 아주)
　학 생 : 예, 아주 복잡합니다.

2) 선 생 : 한국의 가을 경치가 아름답습니까? (예 / 매우)
   학 생 : 예, 매우 아름답습니다.

3) 선 생 : 김치가 맵습니까? (예 / 너무)
   학 생 : 예, 너무 맵습니다.

4) 선 생 : 그분이 친절합니까? (예 / 대단히)
   학 생 : 예, 대단히 친절합니다.

5) 선 생 : 한국의 겨울이 춥습니까? (예 / 몹시)
   학 생 : 예, 몹시 춥습니다.

10. 1   D3

(보기) 선 생 : 한국말을 잘 합니다. (참)
       학 생 : 한국말을 참 잘 합니다.

1) 선 생 : 그분은 거짓말을 잘 합니다. (너무)
   학 생 : 그분은 거짓말을 너무 잘 합니다.

2) 선 생 : 선생님이 설명을 잘 하십니다. (대단히)
   학 생 : 선생님이 설명을 대단히 잘 하십니다.

3) 선 생 : 제 동생이 피아노를 잘 칩니다. (아주)
   학 생 : 제 동생이 피아노를 아주 잘 칩니다.

4) 선 생 : 그분은 장기를 잘 둡니다. (대단히)
   학 생 : 그분은 장기를 대단히 잘 둡니다.

5) 선 생 : 그분은 농담을 잘 합니다. (매우)
   학 생 : 그분은 농담을 매우 잘 합니다.

10.2 D1

(보기) 선 생 : 낚시를 합니다 / 사람들이 많이 모여요.
학 생 : 낚시를 하려고 사람들이 많이 모여요.

1) 선 생 : 한국말을 배웁니다 / 연세대학교에 다녀요.
   학 생 : 한국말을 배우려고 연세대학교에 다녀요.

2) 선 생 : 한복을 입습니다 / 고무신을 샀어요.
   학 생 : 한복을 입으려고 고무신을 샀어요.

3) 선 생 : 한국 역사를 공부합니다 / 한자를 배우고 있어요.
   학 생 : 한국 역사를 공부하려고 한자를 배우고 있어요.

4) 선 생 : 사람들은 삽니다 / 먹습니다.
   학 생 : 사람들은 살려고 먹습니다.

5) 선 생 : 돈을 예금합니다 / 은행에 가요.
   학 생 : 돈을 예금하려고 은행에 가요.

10.2 D2

(보기) 선 생 : 왜 저기에 사람들이 많이 모였어요? (낚시를 합니다.)
학 생 : 낚시를 하려고 사람들이 많이 모였어요.

1) 선 생 : 왜 연세대학교에 다녀요? (한국말을 배웁니다)
   학 생 : 한국말을 배우려고 연세대학교에 다녀요.

2) 선 생 : 왜 고무신을 샀어요? (한복을 입습니다)
   학 생 : 한복을 입으려고 고무신을 샀어요.

3) 선 생 : 왜 한자를 배워요? (한국 역사를 공부합니다)
   학 생 : 한국 역사를 공부하려고 한자를 배워요.

4) 선 생 : 왜 은행에 가요? (예금합니다)
   학 생 : 예금하려고 은행에 가요.

5) 선 생 : 왜 열심히 공부해요? (시험을 잘 봅니다)
   학 생 : 시험을 잘 보려고 열심히 공부해요.

10.2   D3

(보기) 선 생 : 저녁을 먹고, 영화 구경을 갑시다.
       학 생 : 영화 구경을 갑시다. 저녁을 먹고요.

1) 선 생 : 숙제를 하고, 한잔하러 갈까요?
   학 생 : 한잔하러 갈까요? 숙제를 하고요.

2) 선 생 : 전화를 하고, 김 선생님 댁에 갑시다.
   학 생 : 김 선생님 댁에 갑시다. 전화를 하고요.

3) 선 생 : 넥타이를 매고, 양복을 입으세요.
   학 생 : 양복을 입으세요. 넥타이를 매고요.

4) 선 생 : 약을 잡수시고, 일찍 주무세요.
   학 생 : 일찍 주무세요. 약을 잡수시고요.

5) 선 생 : 짐을 찾고, 밖으로 나가세요.
   학 생 : 밖으로 나가세요. 짐을 찾고요.

10.2   D4

(보기) 선 생 : 저기로 갑시다. (여기서 차 한잔 마십니다)
       학 생 : 여기서 차 한잔 마시고요.

1) 선 생 : 영화 구경을 갑시다. (집에서 저녁을 먹습니다)
   학 생 : 집에서 저녁을 먹고요.

2) 선 생 : 한잔하러 갑시다. (먼저 숙제를 합니다)
   학 생 : 먼저 숙제를 하고요.

3) 선 생 : 김 선생님 댁에 갑시다. (우선 전화를 합니다)
   학 생 : 우선 전화를 하고요.

4) 선 생 : 구두를 신으세요. (양말을 신습니다)
   학 생 : 양말을 신고요.

5) 선 생 : 예습을 하세요. (복습을 합니다)
   학 생 : 복습을 하고요.

10.3 D1

(보기) 선 생 : 서울 / 높은 건물입니다.
　　　 학 생 : 서울에서 제일 높은 건물입니다.

1) 선 생 : 한국 / 유명한 사람입니다.
   학 생 : 한국에서 제일 유명한 사람입니다.

2) 선 생 : 이 근처 / 깨끗한 식당입니다.
   학 생 : 이 근처에서 제일 깨끗한 식당입니다.

3) 선 생 : 우리 반 / 어린 사람입니다.
   학 생 : 우리 반에서 제일 어린 사람입니다.

4) 선 생 : 우리 반 / 키가 큰 사람입니다.
   학 생 : 우리 반에서 제일 키가 큰 사람입니다.

5) 선 생 : 이 호텔 / 조용하고 좋은 방입니다.
   학 생 : 이 호텔에서 제일 조용하고 좋은 방입니다.

10.3   D2

(보기) 선 생 :   서울에서 제일 높은 건물은 어느 건물이에요?
　　　　　　　 (63빌딩)
　　　 학 생 :   서울에서 제일 높은 건물은 63빌딩이에요.

1) 선 생 :   미국에서 제일 아름다운 곳은 어디에요? (나이아가라 폭포)
　 학 생 :   미국에서 제일 아름다운 곳은 나이아가라 폭포에요.

2) 선 생 :   이 근처에서 제일 깨끗한 식당은 어디에요? (저 식당)
　 학 생 :   이 근처에서 제일 깨끗한 식당은 저 식당이에요.

3) 선 생 :   선생님 반에서 제일 어린 사람은 누구에요? (저 사람)
　 학 생 :   선생님 반에서 제일 어린 사람은 저 사람이에요.

4) 선 생 :   우리 반에서 제일 키가 큰 사람은 누구에요? (죤슨 씨)
　 학 생 :   우리 반에서 제일 키가 큰 사람은 죤슨 씨에요.

5) 선 생 :   세계에서 제일 넓은 나라는 어느 나라이에요? (러시아)
　 학 생 :   세계에서 제일 넓은 나라는 러시아에요.

10.3   D3

(보기) 선 생 :   한국말을 가르치는 분이 누구입니까? (최 선생님)
　　　 학 생 :   한국말을 가르치는 분이 최 선생님입니다.

1) 선 생 :   누가 태권도를 가르칩니까? (사범)
　 학 생 :   사범이 태권도를 가르칩니다.

2) 선 생 :   언제 졸업하십니까? (내년)
　 학 생 :   내년에 졸업합니다.

3) 선 생 :   어디로 출장을 가셨습니까? (하와이)
　 학 생 :   하와이로 출장을 갔습니다.

4) 선 생 : 소풍갈 때 뭘 가져 가기로 했습니까? (김밥)
   학 생 : 소풍갈 때 김밥을 가져 가기로 했습니다.

5) 선 생 : 한복 한 벌에 얼마에요? (삼십만 원)
   학 생 : 한복 한 벌에 삼십만 원이에요.

10.3 D4

(보기) 선 생 : 밖에 누가 왔어요? (예)
      학 생 : 예, 밖에 누가 왔어요.

1) 선 생 : 그 구두를 어디에서 보았어요? (예)
   학 생 : 예, 그 구두를 어디에서 보았어요.

2) 선 생 : 언제 만나서 차나 한잔할까요? (예)
   학 생 : 예, 언제 만나서 차나 한잔합시다.

3) 선 생 : 방학 동안에 어디 갔어요? (예)
   학 생 : 예, 방학 동안에 어디 갔어요.

4) 선 생 : 시장에서 뭘 샀어요? (예)
   학 생 : 예, 시장에서 뭘 샀어요.

5) 선 생 : 누굴 만나기로 했어요? (예)
   학 생 : 예, 누굴 만나기로 했어요.

10.4 D1

(보기) 선 생 : 한국 노래를 가르쳐 줍니다.
      학 생 : 한국 노래를 가르쳐 드립니다.

1) 선 생 : 기쁜 소식을 알려 줍니다.
   학 생 : 기쁜 소식을 알려 드립니다.

2) 선 생 : 불을 켜 줍니다.
   학 생 : 불을 켜 드립니다.

3) 선 생 : 길을 찾아 줍니다.
   학 생 : 길을 찾아 드립니다.

4) 선 생 : 짐을 들어 줍니다.
   학 생 : 짐을 들어 드립니다.

5) 선 생 : 차를 세워 줍니다.
   학 생 : 차를 세워 드립니다.

10.4 D2

(보기) 선 생 : 한국 노래를 가르쳐 드릴까요? (예)
       학 생 : 예, 한국 노래를 가르쳐 주십시오.

1) 선 생 : 기쁜 소식을 알려 드릴까요? (예)
   학 생 : 예, 기쁜 소식을 알려 주십시오.

2) 선 생 : 여자 친구를 소개해 드릴까요? (예)
   학 생 : 예, 여자 친구를 소개해 주십시오.

3) 선 생 : 점심을 사 드릴까요? (예)
   학 생 : 예, 점심을 사 주십시오.

4) 선 생 : 과일을 씻어 드릴까요? (예)
   학 생 : 예, 과일을 씻어 주십시오.

5) 선 생 : 사진을 찍어 드릴까요? (예)
   학 생 : 예, 사진을 찍어 주십시오.

10.4   D3

(보기) 선 생 :   한국 노래를 가르쳐 주시겠습니까? (예)
　　　　학 생 :   예, 한국 노래를 가르쳐 드리겠습니다.

1) 선 생 :   김 선생님께 연락해 주시겠습니까? (예)
　　학 생 :   예, 김 선생님께 연락해 드리겠습니다.

2) 선 생 :   여자 친구를 소개해 주시겠습니까? (예)
　　학 생 :   예, 여자 친구를 소개해 드리겠습니다.

3) 선 생 :   점심을 사 주시겠습니까? (예)
　　학 생 : ˙예, 점심을 사 드리겠습니다.

4) 선 생 :   커피를 끓여 주시겠습니까? (예)
　　학 생 :   예, 커피을 끓여 드리겠습니다.

5) 선 생 :   사진을 찍어 주시겠습니까? (예)
　　학 생 :   예, 사진을 찍어 드리겠습니다.

단 어 색 인

〈ㄴ〉

〈ㅇ〉

문법 요소 색인

⟨ㅈ⟩

⟨ㅎ⟩

한국어 1

초판 1992년 9월 25일
11판 1997년 10월 25일

저 자 연세대학교 한국어학당 편
발 행 연세 대학교 출판부

서울특별시 서대문구 신촌동 134
전 화 : 392-6201
        361-3380~2
FAX : 393-1421
등 록 : 1955년 10월 13일 제9-60호

인 쇄 : 용 지 인 쇄 주 식 회 사

YUP-0345   정가 11,500원
ISBN 89-7141-345-X 93710